La Philosophie de Schopenhauer

LA PHILOSOPHIE
DE SCHOPENHAUER

LA PHILOSOPHIE

DE

SCHOPENHAUER

PAR

TH. RIBOT

Membre de l'Institut

Professeur honoraire au Collège de France

NEUVIÈME ÉDITION

PARIS

FÉLIX ALCAN, ÉDITEUR

ANCIENNE LIBRAIRIE GERMER BAILLIÈRE ET Cie

108, BOULEVARD SAINT-GERMAIN, 108

1903

LA PHILOSOPHIE DE SCHOPENHAUER

CHAPITRE PREMIER

L'HOMME ET SES ÉCRITS

I

La vie, les habitudes, les conversations de Schopenhauer nous sont connues dans tous leurs détails. Le livre de M. Gwinner[1], son exécuteur testamentaire, est de nature à satisfaire sur ce point les plus exigeants. Sous ce titre : *De lui, sur lui,* [2], Lindner et Frauenstaedt ont publié sa correspondance et recueilli ses entretiens particuliers. En France, M. Foucher de Careil et M. Challemel-Lacour[3] qui l'ont visité ont raconté l'un

1. *Arthur Schopenhauer aus persönlichem Umgange dargestellt.* Leipzig, 1862.
2. *Von ihm, über ihn.* Berlin, 1863; en deux parties : Ein Wort der Vertheidigung, von E. Otto Lindner. — *Memorabilien,* Briefe und Nachlassstücke, von J. Frauenstaedt.
3. Foucher de Careil. *Hegel et Schopenhauer.* Paris, 1862. — Challemel-Lacour, *Revue des Deux-Mondes* 15 mars 1870.

et l'autre leur entrevue. Il nous serait impossible ici de parler longuement de l'homme; nous aurions d'ailleurs le désavantage de ne pouvoir le faire d'après des impressions personnelles : et nous ne voulons pas encourir le reproche que Schopenhauer adresse à ceux qui s'attardent à la biographie d'un philosophe. Il les comparait aux gens qui, placés devant un tableau, s'occupent surtout du cadre et de la dorure. Renvoyons donc aux écrivains cités ceux qui voudraient plus de détails, pour ne dire ici de l'homme que ce qui est nécessaire pour comprendre le philosophe.

Arthur Schopenhauer est né à Dantzig, le 22 février 1788. Son père, riche et d'origine patricienne, était l'un des principaux négociants de cette ville. C'était un homme d'un caractère énergique, obstiné, actif, d'une grande aptitude pour le commerce. Doué dans la vie ordinaire, d'une gaieté humoristique, il menait un grand train de maison, dépensant beaucoup en tableaux, en objets précieux, en livres, surtout en voyages. A l'âge de trente-huit ans, il épousa une fille du conseiller Trosiener, alors âgée de dix-huit ans. A. Feuerbach, qui la connut plus tard, la juge en ces mots : « Elle bavarde beaucoup et bien; intelligente, sans cœur ni âme. » Ce fut un mariage de raison; de part et d'autre le sentiment n'y entra pour rien. Le fils qui naquit de cette union reçut le nom d'Arthur qui, étant le même dans toutes les langues, disait son père, est excellent pour entrer dans une raison de commerce. Le jeune Arthur vécut cinq ans dans sa ville natale. En 1793, Dantzig ayant cessé d'être une ville libre, la famille de Schopenhauer, dont les armes portaient comme devise « Point d'honneur sans liberté, » se retira à Hambourg. Elle y resta douze ans. Pendant ce temps, Schopenhauer voyagea beaucoup. Dans sa neuvième année, il fut conduit au Havre par son père qui le laissa deux ans chez un négociant de ses amis. Il revint à Hambourg pour recommencer un long voyage (1803-1804) en Suisse, en

Belgique, en France et en Angleterre. Il resta six mois dans une pension de Londres. Là il apprit à haïr la bigoterie anglaise qui, disait-il plus tard, « a dégradé la plus intelligente et peut-être la première nation de l'Europe, au point qu'il serait temps d'envoyer en Angleterre, contre les Révérends, des missionnaires de la Raison, avec les écrits de Strauss dans une main et la *Critique* de Kant dans l'autre. »

Placé dans la maison de commerce du sénateur Jenisch, à Hambourg, le jeune Schopenhauer ne montrait guère de goût que pour l'étude. Il lisait à son comptoir la phrénologie de Gall. Le commerce lui répugnait. A ses yeux, dans la grande mascarade que joue notre monde civilisé, les marchands sont les seuls qui jouent sans masque et qui sont franchement des spéculateurs ; mais cette franchise le dégoûtait.

Sur ces entrefaites, son père mourut. Il semble par une crainte exagérée d'un revers de fortune avoir fini par un suicide. Si ce fait était bien établi — et il paraît l'être — il y aurait là un fait morbide qui jetterait quelque jour sur le caractère sombre de son fils[1].

Schopenhauer tomba donc sous la direction de sa mère, Johanna, femme bel-esprit, qui vivait dans un cercle de littérateurs, d'artistes, et de gens du monde. Sa maison de Hambourg était fréquentée par Klopstock, le peintre Tischbein, Reimarus et un assez grand nombre d'hommes politiques. A la mort de son mari, elle s'établit à Weimar, fit la connaissance de Gœthe et vécut dans le même monde que lui. Elle publia des travaux critiques sur l'art et un grand nombre de romans. C'était une femme si disposée à voir le monde en beau qu'elle dut être très surprise d'avoir donné naissance à un pessimiste incurable.

Dès cette époque son fils était mécontent. Il obtint à

1. Voir sur ce point les excellentes remarques du prof. Meyer. *Schopenhauer als Mensch und Denker*. Berlin, 1872, p. 11.

force de plaintes d'être libéré du commerce et fut envoyé d'abord au gymnase de Gotha, puis en 1809 à l'Université de Gœttingue où il s'adonna surtout à la médecine, aux sciences naturelles et à l'histoire. Les leçons d'un disciple de Kant, Schulze, l'auteur d'*Enésidème,* lui inspirèrent le goût de la philosophie. Son maître lui donna le conseil de s'appliquer exclusivement à Platon et à Kant, et, avant de les posséder, de n'aborder aucun autre philosophe, notamment Aristote et Spinoza, « conseil que Schopenhauer ne se repentit jamais d'avoir suivi ».

En 1811, il se rendit à Berlin espérant entendre un grand, un vrai philosophe, Jean Fichte. « Mais son admiration *a priori*, dit Frauenstaedt, fit bientôt place au dédain et à la raillerie. »

En 1813, il se préparait à soutenir sa thèse de doctorat devant l'Université de Berlin ; la guerre l'en empêcha et il vint la passer à Iéna. Elle avait pour titre : *De la quadruple racine du principe de la raison suffisante*[1]. Suivant Schopenhauer, ce principe a quatre formes : 1° le principe de raison suffisante du *devenir* qui gouverne tous les changements et constitue ce qu'on appelle d'ordinaire la loi de causalité ; 2° le principe de raison suffisante de la *connaissance*. Sous cette forme, surtout logique, il règle les concepts abstraits, en particulier, le jugement ; 3° le principe de raison suffisante de l'*essence* qui régit le monde formel, les intuitions *a priori* de temps et d'espace et les vérités mathématiques qui en dérivent ; 4° le principe de raison suffisante de l'*action*, qu'il appelle aussi loi de motivation, qui s'applique à la causalité des événements internes. — On sait que Leibnitz ramenait tous les principes à deux : raison suffisante, identité — peut-être réductibles en dernière analyse à un seul. Cette généralisation était assurément

1. *Ueber die vierfache Wurzel des Satzes von zureichenden Grunde.* Rudolstadt, 1813.

beaucoup plus philosophique que les distinctions de Schopenhauer : car, suivant la juste remarque de M. L. Dumont[1], « les quatre formes de raison suffisante se laissent facilement ramener au seul principe de causalité, parce que tous les faits, même les faits logiques, se ramènent en dernière analyse à des changements » et que les conditions abstraites des rapports entre nos idées doivent être dérivées de la réalité elle-même et des principes qui la régissent.

Cette thèse soutenue, Schopenhauer vint passer l'hiver à Weimar, où il fréquenta Gœthe et se lia avec lui, autant que le permettait une différence d'âge de trente-neuf ans. Là aussi il connut l'orientaliste Frédéric Majer qui l'initia à l'étude de l'Inde, de sa religion et de sa philosophie : événement capital dans la vie de Schopenhauer, qui, dans la partie pratique de sa philosophie, est un bouddhiste égaré en Occident.

De 1814 à 1818, il vécut à Dresde, fréquentant la bibliothèque, le musée, étudiant les œuvres d'art et les femmes, autrement que par ouï-dire et dans les livres. Encore tout imprégné de l'influence de Gœthe, il publia sa *Théorie de la Vision et des couleurs*[2], ouvrage dont la traduction latine fut publiée plus tard (en 1830) dans le recueil de Radius : *Scriptores ophthalmologici minores*. Sa théorie « qui, dit-il, ne considère les couleurs qu'en elles-mêmes, c'est-à-dire comme une sensation spécifique donnée dans l'œil, permet de décider entre la théorie de Newton et celle de Gœthe, sur l'objectivité des couleurs, c'est-à-dire des causes extérieures qui produisent dans l'œil une pareille sensation. On trouvera que dans sa théorie tout parle en faveur de Gœthe et contre Newton, « car Gœthe, dit-il ailleurs, avait étudié la nature objectivement et en se livrant à elle ; Newton était un pur mathématicien, toujours calculant, me-

1. *Revue scientifique* ; 26 juillet 1873.
2. *Ueber das Sehen und die Farben*. Leipzig, 1816.

surant; mais sans pénétrer au delà de la superficie des phénomènes. »

La valeur physiologique de cet ouvrage a été appréciée par Czermak, qui fait ressortir la surprenante analogie de la doctrine de Schopenhauer avec la théorie des couleurs de Young et de Helmholtz. Comment un ouvrage de cette importance a-t-il pu rester complètement ignoré jusqu'à nos jours? C'est que, dit justement Czermak, quoique Schopenhauer ait sa théorie propre, ses fureurs anti-newtoniennes et sa partialité pour Gœthe lui nuisaient près des physiciens et des physiologistes, méfiants d'ailleurs à l'égard de ses tendances métaphysiques.

Ce n'était qu'un épisode du grand travail auquel il se livrait et qui devait rester son œuvre définitive. Il parut en 1819, sous ce titre : *Le monde comme volonté et comme représentation* (perception)[1]. C'était un volume divisé en quatre livres. L'intelligence y est considérée d'abord comme soumise au principe de raison suffisante et produisant, comme telle, le monde des phénomènes (1er livre). Elle y est étudiée ensuite comme indépendante du principe de la raison suffisante et donnant lieu à la production esthétique (3e livre). La volonté y est examinée de même de deux manières, comme le principe dernier auquel tout se ramène (2e livre), comme base d'une curieuse morale renouvelée du Bouddhisme (4e livre). — A ce premier volume, Schopenhauer en ajouta, vingt-cinq ans plus tard (1844), un second où il reprenait divers points traités dans le premier et les développait; mais sans y rien changer. En réalité, Schopenhauer est tout entier dans cet ouvrage de 1819, qui à lui seul suffirait pour donner une idée exacte de sa philosophie. Aussi dans l'exposé qui va suivre, nous suivrons scrupuleusement l'ordre même

1. *Die Welt als Wille und Vorstellung*. Leipzig, 1819. — La 2e édition est de 1844. — La 3e de 1859; c'est celle qui nous a servi pour ce travail. Traduit en français par M. A. Burdeau.

du l'auteur, en empruntant à ses autres publications tous les éclaircissements nécessaires.

L'insuccès de ce livre fut complet. Schopenhauer, aussitôt après avoir remis son manuscrit à l'éditeur, était parti pour visiter Rome et Naples (automne de 1818). Il resta près de deux ans en Italie, étudiant les œuvres d'art, fréquentant les musées, les théâtres, les églises, sans dédaigner des plaisirs qu'il avait pourtant condamnés.

En 1820, il revint à Berlin et y professa comme *privat docent* pendant un semestre. Mais le succès de Hegel et de Schleiermacher qui enseignaient à la même Université lui porta ombrage, et de cette époque date son horreur pour l'enseignement officiel et les professeurs de philosophie. — Au printemps de 1822, il retournait en Italie où il resta jusqu'à 1825, complétant ses études esthétiques et ses observations morales. — Il revint encore à Berlin où il paraît avoir eu quelque désir de s'essayer de nouveau à l'enseignement philosophique. « Son nom fut inscrit sur le programme des cours, dit l'un de ses biographes; mais il ne professa pas. » Il vécut dans cette ville, solitaire, presque oublié, jusqu'au moment où les ravages du choléra le firent s'enfuir à Francfort-sur-le-Mein. Il se fixa « dans ce séjour si bien fait pour un ermite » et y passa tout le reste de sa vie, c'est-à-dire vingt-neuf ans.

Il ne faut pas oublier qu'il était encore totalement inconnu. Dans la retraite de Francfort, sa mauvaise humeur, son indignation « contre les charlatans et les calibans intellectuels » auxquels il attribuait ses insuccès, ne faisait que couver et s'accroître de jour en jour. En 1836, il publia un nouvel ouvrage sous le titre de *la Volonté dans la nature*[1]. Même silence autour de cet écrit, qui parut mort-né comme les autres. Schopenhauer y développait sa théorie de la volonté, en l'appli-

1. *Ueber den Willen in der Natur*. Frankfurt a M. 1836.

quant à diverses questions de physique et de sciences naturelles. Il y passe en revue la physiologie, la pathologie, l'anatomie comparée, la physiologie végétale, l'astronomie physique, le magnétisme animal et la magie, la linguistique, s'attachant à montrer partout le rôle que la volonté joue dans ces phénomènes. Il s'emporte beaucoup dans la conclusion contre la philosophie des Universités, « cette *ancilla theologiæ*, cette mauvaise doublure de la scholastique dont le plus haut critérium de la vérité philosophique est le catéchisme du pays ».

Ce fut en 1839 que le nom de Schopenhauer fut enfin connu du public d'une façon tout à fait inattendue. La Société royale des sciences de Norvège ayant mis au concours la question de la liberté, le mémoire de Schopenhauer sur la *Liberté de la volonté* fut couronné et l'auteur fut nommé membre de cette Académie. L'année suivante, il présenta à la Société royale des sciences de Copenhague un autre mémoire « *sur le fondement de la Morale* » qu'il place dans la sympathie. Le mémoire ne fut pas couronné. L'Académie fut blessée des injures que Schopenhauer prodiguait à Fichte et à Hegel ; elle lui reprochait en outre : *quod scriptor in sympathia fundamentum ethices constituere conatus est, neque ipsa disserendi forma nobis satisfecit, neque satis hoc fundamentum sufficere evicit.* Schopenhauer publia plus tard ces deux mémoires sous un titre commun : *Les deux Problèmes fondamentaux de la morale*[1].

C'était un succès modeste, et cependant le commencement de sa gloire date de là. Il fut loué, critiqué, discuté. Ses premiers ouvrages, après plus de vingt ans d'attente, sont réédités. Il compte enfin quelques disciples dévoués comme Frauenstaedt et Lindner. « Il excite incessamment l'ardeur de leur zèle, il les encourage et les caresse, appelant celui-ci son cher apôtre,

1. *Die beiden Grundprobleme der Ethik.* Frankfurt a M., 1841.

celui-là son archi-évangéliste, un troisième son *doctor indefatigabilis*. Mais viennent-ils d'aventure à forligner, dérogent-ils tant soit peu à la rigueur de la doctrine, il les tance aussitôt sévèrement. La moindre mention de son nom dans un livre, l'adhésion de quelque inconnu, le plus chétif article sont des événements que l'on commente en détail [1]. »

La philosophie de Hegel baissait de jour en jour. La doctrine, puissante à la mort du maître (1832) et mêlée à toutes les questions politiques, religieuses, sociales, esthétiques, s'affaiblissait par ses discordes intestines. Elle s'était scindée dès 1840, en centre, droite et gauche. L'extrême gauche qui se forma plus tard et eut pour principaux représentants Feuerbach, Bruno Bauer, Max Stirner, arriva au pouvoir en 1848. Elle professait les opinions les plus radicales en philosophie et en politique et elle les soutint au parlement de Francfort. On sait comment finit ce mouvement national et quelle réaction l'a suivi. L'influence sociale de l'hégélianisme périt du coup et laissa la place libre à une autre métaphysique et ce fut Schopenhauer qui en profita.

Mais il souffrit beaucoup des agitations politiques dont Francfort fut le théâtre pendant les années 1848 et 1849 : partisan de l'ordre à tout prix et préoccupé avant tout de n'être pas troublé dans ses paisibles spéculations, il applaudit aux répressions sanglantes, notamment à celle du 17 septembre 1848; et il a légué toute sa fortune « à la caisse de secours fondée à Berlin en faveur de ceux qui en 1848 et 1849 avaient défendu l'ordre et de leurs orphelins. »

L'orage passé, il publia son dernier ouvrage : *Parerga und Paralipomena* [2], recueil de fragments, d'esquisses et d'essais dont quelques-uns n'ont qu'un rapport assez indirect avec sa philosophie. Ce livre, curieux comme

1. Challemel-Lacour : article cité.
2. 2 volumes, Berlin, 1851. La 2e édition a été donnée par Frauenstaedt en 1862.

éclaircissement de la doctrine générale, n'y ajoute rien en substance ; il est cependant indispensable de le lire pour connaître, dans Schopenhauer, le moraliste et l'écrivain. Il comptait ne plus rien écrire après ce livre, mais simplement revoir et corriger ce qu'il avait écrit.

C'est en ce moment même qu'il commence à arriver à la gloire. La *Westminster Review*, en avril 1853, publia sur lui un article important que Lindner traduisit et inséra dans la *Gazette de Voss*. L'année suivante, Frauenstaedt publia une exposition complète de sa doctrine, dans un livre court, clair et auquel il ne manque qu'un peu plus d'ordre pour être un bon manuel[1]. Enfin l'année suivante, l'Université de Leipzig mit au concours une étude sur la philosophie. Sa renommée, le nombre de ses lecteurs, de ses disciples, de ses critiques allèrent ainsi croissant toujours et il ne mourut qu'après avoir connu la gloire. Il prétendait que son régime le conduirait jusqu'à cent ans, mais il fut emporté le 23 septembre 1860, par une apoplexie pulmonaire, à l'âge de 72 ans[2].

II

Il vécut en misanthrope, toujours mécontent des hommes et des choses. M. Fichte l'appelle « un hypo-

1. Ce livre a pour titre : *Lettres sur la philosophie de Schopenhauer. Briefe ueber die Schopenhauer'sche Philosophie.* Leipzig, 1854.

2. Gwinner, qui s'est livré à des recherches minutieuses sur le crâne et le cerveau de son maître, en conclut qu'il est « la plus forte tête connue ».

Il donne comme mesure du crâne 7"5'''
Le cerveau de Schopenhauer mesure 5"5'''

—	Kant	—	4 10
—	Talleyrand	—	4 9
—	Schiller	—	4 8
—	Napoléon	—	4 5
—	Tiedge	—	4 2
—	d'un crétin	—	2 4

condriaque », ce qui est aller un peu loin. Il paraît avoir hérité de son père cette humeur grondeuse et fâcheuse, mais elle s'était accrue chez le fils. D'après une théorie de l'hérédité que Schopenhauer a exposée longuement dans son grand ouvrage (tome II, ch. 43) et d'où il a déduit un certain nombre de conséquences pratiques, la volonté, faculté essentielle et primordiale, serait transmise par le père; l'intelligence, faculté secondaire et dérivée, viendrait de la mère. Il croyait en trouver la vérification dans sa propre personne, et tenir du premier son caractère, de la seconde son esprit. Rien n'est plus hypothétique que cette théorie. Elle est d'un métaphysicien, c'est-à-dire simple, absolue et peu d'accord avec les faits. Schopenhauer la déduit de sa doctrine philosophique, c'est-à-dire d'une hypothèse et les faits dont il l'appuie sont si peu nombreux, qu'ils ne peuvent être concluants [1]. Il semble même que, de cette doctrine, on peut tirer logiquement une conclusion toute contraire et dire que la volonté *doit* venir de la mère, que l'intelligence *doit* venir du père. En effet, par volonté Schopenhauer entend, comme nous le verrons, les passions, les tendances, le cœur, bref la vie morale ; et comme elle prédomine évidemment chez la femme, de même que le cerveau et l'intelligence prédominent chez l'homme, il semble qu'on pourrait logiquement en conclure que chacun transmettra ce qu'il possède au plus haut degré, par conséquent la femme le cœur et l'homme l'esprit. Mais il s'agit ici d'expérience et non de logique ; d'ailleurs ce n'est pas le lieu d'insister sur ce point. Et il est certain que si la théorie de Schopenhauer est contestable en général, elle est vraie pour lui en particulier.

Le caractère de sa mère paraît aussi avoir influé sur

1. Il cite comme exemples de l'intelligence transmise de la mère au fils : Cardan, J.-J. Rousseau, d'Alembert, Buffon, Hume, Kant, Burger, W. Scott, Bacon, Haller, Boerhaave. — Comme exemples du caractère transmis du père au fils : les Décius, la gens Fabia, la gens Fabricia, la gens Claudia (Tibère, Caligula, Néron), Alexandre le Grand et son fils, etc.

son jugement à l'égard des femmes. Spirituelle et lettrée, mais dépourvue de tout esprit d'ordre, elle géra sa fortune de façon à la perdre en partie et à la compromettre souvent. Schopenhauer, qui tenait beaucoup à son indépendance et par suite à sa richesse, ne lui pardonnait pas ses prodigalités et son incurie. Les amours très prosaïques de Gœthe à Weimar, dont naquit ce fils que Wieland appelait *der Sohn der Magd;* les femmes de mœurs faciles qu'il connut à Dresde et en Italie (car il ne paraît pas les avoir toujours détestées, au moins en pratique) : tout cela, joint à une théorie bizarre qui a pour but d'amener la fin du monde par suite d'une chasteté absolue, fait de Schopenhauer l'un des adversaires les plus passionnés que la femme, comme instrument de l'amour, ait jamais rencontrés. Il leur appliquait brutalement ce proverbe illyrien : « Les femmes ont les cheveux longs et les idées courtes. »

Outre les femmes, cet homme, riche en haines, en eut deux vivaces : les juifs et surtout les professeurs de philosophie. Il est idéaliste et pessimiste et les juifs sont pour lui l'incarnation même du réalisme et de l'optimisme. Leur opinion que le monde est bon, παντα καλα λιαν, revient à chaque instant subir les railleries de Schopenhauer. Et pour lui, Hindou contemplatif, bouddhiste égaré en Occident, l'esprit sémitique net et positif, est comme un outrage et une provocation.

Sa haine contre les professeurs de philosophie est encore plus intime. Nous l'avons vu s'essayer à l'enseignement. Pourquoi y renonça-t-il ? Il semble naturel de croire que ce fut par pur amour de l'indépendance. « Si j'étais né pauvre, disait-il à Frauenstaedt, et s'il m'avait fallu vivre de la philosophie et conformer ma doctrine aux prescriptions officielles, j'aurais mieux aimé m'envoyer une balle dans la tête. » Mais il en voulait à Hegel et aux siens de le laisser dans la solitude et l'oubli. Si on remarque que Fichte, Schelling, Hegel et les disciples illustres qui se groupent sous ces trois noms ont presque tous professé ; que par l'éclat de leur enseignement, et un peu par leurs intrigues, ils étaient devenus une puissance dans l'État ; on comprend la fureur d'un dissident méconnu, comme Schopenhauer. Il se comparait au Masque de fer ; et son disciple Dorguth, conseiller de justice à Magdebourg, l'appelait dans ses ouvrages « le Gaspard Hauser des professeurs de philosophie ; l'homme à qui on a refusé l'air et la lumière. » Il s'appliquait le mot de Chamfort : « A voir la ligue des sots contre les gens d'esprit, on dirait une conjuration de valets pour écarter les maîtres. » Aussi quand le nom des « trois sophistes » se rencontre sous sa plume, le vocabulaire d'injures de la langue allemande s'étale devant nous sans s'épuiser. « Des milliers de têtes, en Allemagne, ont été gâtées et à jamais faussées par la misérable Hegélerie, cette école de platitude, cette société d'absurdité et de folie, cette sagesse falsifiée bonne à faire perdre la tête ; dont on commence pourtant à apprécier la valeur et qui sera bientôt abandonnée au respect de l'Académie de Danemark, pour qui un lourd charlatan est un *summus philosophus*.

> Car ils suivront la créance et estude
> De l'ignorante et sotte multitude
> Dont le plus lourd sera reçu pour juge (*Rabelais*)[1].

Dans son pamphlet sur la *Philosophie des Universités*, il a exposé longuement ses griefs contre l'enseignement officiel. Il lui reproche surtout d'avoir à louvoyer entre deux écueils, entre deux puissances jalouses : l'Église et l'État, et d'avoir plus de soucis d'elles que de la vérité. Il s'écrie avec Voltaire : « Les gens de lettres qui ont rendu le plus de services au petit nombre d'êtres pensants répandus dans le monde, sont les lettrés isolés, les vrais savants renfermés dans leur cabinet, qui n'ont ni argumenté sur les bancs de l'Uni-

1. Ce passage est pris au hasard entre une cinquantaine d'autres pareils, dans son grand ouvrage : tom. II, p. 785.

versité, ni dit les choses à moitié dans les Académies ; et ceux-là ont presque toujours été persécutés. » On peut admettre volontiers ce jugement, mais répondre à Schopenhauer que le rôle des Universités c'est moins de faire la science que de l'enseigner ; que la philosophie a besoin d'être apprise, comme toute chose ; que la transmettre même sous une forme imparfaite vaut mieux que rien ; et que le meilleur moyen de la rendre florissante, ce n'est pas de supprimer toute occasion de l'étudier. Il est plus juste, lorsqu'au nom d'une métaphysique bornée et circonscrite que nous verrons, il raille l'hégélianisme qui sait tout, explique tout, si bien qu'après lui, le monde dépourvu de tout problème à résoudre, n'a plus qu'à s'ennuyer.

Il serait exagéré de compter au nombre de ses haines l'Allemagne et les Allemands. Cependant il ne les aimait guère. Il appelait le patriotisme « la plus sotte des passions et la passion des sots. » Il se piquait d'ailleurs de n'être pas Allemand et se prétendait de race hollandaise : ce que la physionomie de son nom semble assez justifier. Il reprochait à ses compatriotes de chercher dans les nuages ce qu'ils ont à leurs pieds. « Quand, disait-il, on prononce devant eux le mot idée qui offre à un Anglais ou à un Français un sens clair et précis, on dirait un homme qui va monter en ballon. » « Introduit dans sa bibliothèque, dit l'un de ses visiteurs, j'y ai vu près de trois mille volumes que, bien différents de nos modernes amateurs, il avait presque tous lus : il y avait peu d'Allemands, beaucoup d'Anglais, quelques Italiens ; mais les Français étaient en majorité. Je n'en veux pour preuve que cette édition diamant de Chamfort. il m'a avoué, qu'après Kant, Helvétius et Cabanis avaient fait époque dans sa vie. Notons en passant un *Rabelais*, livre rare en Allemagne, et un certain livre qu'on ne trouve indiqué que là : *Ars crepitandi.* »

Quoique, d'après Schopenhauer, la seule voie qui mène au salut soit l'ascétisme, il menait une vie fort confortable, gérant avec beaucoup d'ordre les débris de sa grande fortune. Quelques rares amis, une servante et son chien Atma formaient toute sa compagnie. Ce chien était un personnage et son maître l'a mentionné dans son testament. Schopenhauer trouvait en lui et dans sa race l'emblème de la fidélité. Aussi proteste-t-il avec fureur contre l'abus des vivisections dont les chiens ont tant à souffrir. « Lorsque j'étudiais à Gœttingen, Blumenbach, au cours de physiologie, nous parla sérieusement de l'atrocité des vivisections et nous représenta combien c'est chose barbare et horrible; que par suite il ne faut y avoir recours que très rarement et pour des recherches très importantes et d'une utilité immédiate ; que cela ne doit se faire que devant un public très nombreux, après une invitation adressée à tous les médecins, afin que ce barbare sacrifice sur l'autel de la science ait la plus grande utilité possible. Mais aujourd'hui tout médicastre se croit le droit de tourmenter et de martyriser les animaux de la façon la plus barbare, pour résoudre des questions qui sont depuis longtemps dans des livres... Il faut être complètement aveugle ou totalement chloroformé par la « puanteur judaïque » pour ne pas voir qu'au fond l'animal est la même chose que nous et qu'il n'en diffère que par accident[1]. »

Peu accueillant pour ses compatriotes, Schopenhauer se livrait volontiers aux étrangers, Anglais et Français, et les charmait par sa verve et son esprit. « Quand je le vis pour la première fois en 1859, à la table de l'hôtel d'Angleterre, à Francfort, dit M. Foucher de Careil, c'était déjà un vieillard à l'œil d'un bleu vif et limpide, à la lèvre mince et légèrement sarcastique, autour de laquelle errait un fin sourire, et dont le vaste front, estompé de deux touffes de cheveux blancs sur les côtés, relevaient d'un cachet de noblesse et de distinction la physionomie pétillante d'esprit et de malice.

1. *Parerga und Paralipomena*, tom. II, § 178, p. 400-404

Ses habits, son jabot de dentelle, sa cravate blanche rappelaient un vieillard de la fin du règne de Louis XV; ses manières étaient celles d'un homme de bonne compagnie. Habituellement réservé et d'un naturel craintif jusqu'à la méfiance, il ne se livrait qu'avec ses intimes ou les étrangers de passage à Francfort. Ses mouvements étaient vifs et devenaient d'une pétulance extraordinaire dans la conversation ; il fuyait les discussions et les vains combats de paroles, mais c'était pour mieux jouir du charme d'une causerie intime. Il possédait et parlait avec une égale perfection quatre langues : le français, l'anglais, l'allemand, l'italien et passablement l'espagnol. Quand il causait, la verve du vieillard brodait sur le canevas un peu lourd de l'allemand ses brillantes arabesques latines, grecques, françaises, anglaises, italiennes. C'était un entrain, une profusion de saillies, une richesse de citations, une exactitude de détails qui faisait couler les heures ; et quelquefois le petit cercle de ses intimes l'écoutait jusqu'à minuit, sans qu'un moment de fatigue se fût peint sur ses traits ou que le feu de son regard se fût un instant amorti. Sa parole nette et accentuée captivait l'auditoire : elle peignait et analysait tout ensemble ; une sensibilité délicate en augmentait le feu; elle était exacte et précise en toutes sortes de sujets. Un Allemand, qui avait beaucoup voyagé en Abyssinie, fut tout étonné de l'entendre un jour donner sur les différentes espèces de crocodiles et sur leurs mœurs des détails tellement précis, qu'il s'imaginait avoir devant lui un ancien compagnon de voyage.

« C'était un contemporain de Voltaire et de Diderot, d'Helvétius et de Chamfort ; ses pensées toujours vives sur les femmes, sur la part qu'il fait aux mères dans les qualités intellectuelles de leurs enfants, ses théories toujours originales et profondes sur les rapports de la volonté et de l'intelligence, sur l'art et la nature, sur la mort et la vie de l'espèce, ses remarques sur le style vague, emposé, ennuyeux de ceux qui écrivent pour ne rien dire ou qui mettent un masque et pensent avec les idées d'autrui, ses réflexions piquantes contre les anonymes et les pseudonymes et sur l'établissement d'une censure grammaticale et littéraire pour les journaux qui pratiquent le néologisme, le solécisme et le barbarisme, ses ingénieuses hypothèses pour expliquer les phénomènes magnétiques, le rêve, le somnambulisme, sa haine de tous les excès, son amour de l'ordre et cette horreur de l'obscurantisme « qui, s'il n'est pas un péché contre le Saint-Esprit en est un contre l'esprit humain, » lui composent une physionomie à part dans ce siècle [1]. »

On trouve dans les *Memorabilien* quelques reflets de cette conversation, et on y voit Schopenhauer parler très librement des hommes et des choses, des questions à l'ordre du jour, de la religion, de la politique, des origines animales de l'humanité. Ainsi, il se demande « ce que serait l'homme, si la nature pour faire le dernier pas qui conduit à lui, était partie du chien ou de l'éléphant. Et il répond : ce serait un chien intelligent ou un éléphant intelligent au lieu d'être un singe intelligent [2]. » Dans ces entretiens, la religion revient le plus souvent et elle est assez mal traitée. « La théologie et la philosophie sont comme les deux plateaux d'une balance. Plus l'un monte, plus l'autre descend. » Schleiermacher ayant soutenu quelque part que nul ne peut être philosophe sans être religieux, Schopenhauer réplique : « Nul homme religieux ne parvient à être philosophe ; il n'en a pas besoin. Et nul homme vraiment philosophe n'est religieux ; il marche sans lisière, non sans péril, mais librement. » « Toute religion positive est proprement l'usurpatrice du trône qui appartient à la philosophie. »

1. *Hegel et Schopenhauer*, par le comte Foucher de Careil, p. 175-176.
2. Dans Frauenstaedt. *Schopenhauer-Lexikon*, d'après un manuscrit s. v. *Affe*.

« Depuis 1800 ans, la religion a mis une muselière à la raison [1]. » Quoique le catholicisme lui plaise par ses prescriptions en faveur de l'ascétisme et du célibat, il trouve « que la religion catholique enseigne à mendier le ciel qu'il serait trop incommode de mériter; et que les prêtres sont les entremetteurs qui servent à le mendier [2]. »

Sa morale bouddhiste a pour conséquence la négation absolue de toute vie politique ; Schopenhauer n'en a pas moins ses opinions *théoriques* sur la royauté constitutionnelle, la noblesse, l'esclavage, la liberté de la presse, la liberté individuelle, le jury, etc., etc. Il les traite en spectateur désintéressé, en pur contemplateur; ce qui ne veut pas dire qu'il ignore les faits ou qu'il les néglige. Aux gouvernements, il demande avant tout l'ordre et la paix, le premier des biens pour un penseur. Il reproche « aux démagogues contemporains » encore moins leurs agitations que leur optimisme. « Ils en sont venus par haine du christianisme à prétendre que le monde a sa fin en lui-même et qu'il est un séjour fait pour le bonheur; que les souffrances criantes, colossales qui s'y rencontrent sont dues aux gouvernements; et que sans eux on réaliserait le ciel sur la terre. » Et ailleurs « la question de la souveraineté du peuple se réduit au fond à ceci : si qui que ce soit a le droit de gouverner un peuple contre son gré : je ne vois pas raisonnablement comment on pourrait l'admettre. Ainsi, absolument le peuple est souverain ; mais c'est un souverain éternellement mineur, qui doit toujours rester en tutelle et ne peut jamais exercer ses droits, sans courir le plus grand danger: car, comme tous les mineurs, il devient facilement le jouet de rusés filous, qu'on appelle

1. *Memorabilien*, p. 239, 349, 464

2. *Memorabilien*. Die Katholische Religion ist eine Anweisung den Himmeln zu erbetteln, welchen zu verdienen zu unbequem wäre. Die Pfaffen sind die Vermittler dieser Bettelei.

pour cette raison démagogues [1]. » Il ne semble pas qu'on puisse tirer de là une politique bien claire et ce qui en ressort le mieux c'est « ce peu d'enthousiasme » et ce « ton cynique et grondeur » (*cynischer polternder Ton*) que Gutzkow et les autres ont reproché à Schopenhauer.

Tel est l'homme grossièrement esquissé. Ses écrits et la lecture de ses biographes peuvent seuls le faire connaître. Il se rencontre en lui des qualités qui semblent s'exclure et qui en réalité se sont assez mal conciliées. Outre son caractère propre, je trouve en lui de l'Hindou, de l'Anglais et du Français. Sa conception pessimiste du monde, ses habitudes contemplatives, son horreur de l'action sont d'un disciple de Bouddha. Mais en même temps, il a le goût du fait précis, de l'information exacte; il est à beaucoup d'égards, empirique comme Locke et Hartley; nous savons qu'il admirait beaucoup l'Angleterre et que, comme s'il y était né, il lisait régulièrement le *Times* tous les matins. Il était nourri de nos moralistes français : La Rochefoucauld, Labruyère, Vauvenargues et surtout Chamfort; il les cite à chaque instant. Il a comme eux la phrase nette et le tour ingénieux. Sa manière d'écrire vive et claire est bien moins allemande que française. Il reste en somme, par son caractère et ses paradoxes, une des figures les plus originales qu'on rencontre dans l'histoire de la philosophie.

1. *Parerga und Paralipomena*, tom. II, § 126.

CHAPITRE II

PRINCIPES GÉNÉRAUX DE SA PHILOSOPHIE

Schopenhauer a donné à l'exposition de sa doctrine philosophique un ordre très rigoureux, que nous suivrons scrupuleusement : — Théorie de la connaissance, théorie de la nature, esthétique, morale. Mais ses considérations sur le but, la nature et les limites de la philosophie, sur le critérium et ses rapports avec l'expérience ont besoin d'être exposées à part et tout d'abord.

Il est riche en théories de détails originales : nous les verrons. Quant aux théories générales, il semble que ce que Schopenhauer a trouvé, ou au moins mis en pleine lumière, se réduit à ceci :

Une métaphysique est possible dans le domaine de la seule expérience, à condition de l'embrasser tout entière. Elle est, par nature, complètement libre de toute attache théologique, également indifférente au théisme et à l'athéisme. Elle peut et doit rester dans notre monde et être, à ce titre, *une cosmologie*.

Le monde ainsi considéré, avec ses phénomènes si variés et si complexes, est réductible en dernière analyse à un seul élément que Schopenhauer appelle la *volonté* et qu'on nomme ordinairement la *force*.

La volonté est donc l'explication dernière, « la chose en soi » ; mais nous ne pouvons savoir ni si elle a une cause, ni si elle est sans cause, ni d'où elle vient, ni où elle va, ni pourquoi elle est, ni si elle a un pourquoi : nous savons seulement qu'elle est et que tout s'y ramène.

Tels sont les principes généraux de sa philosophie. Ce chapitre et ceux qui suivent montreront comment il les établit et ce qu'il en déduit.

I

Et d'abord d'où procède sa philosophie? Schopenhauer est disciple de Kant et l'a toujours hautement avoué; mais, tandis que Fichte, Schelling et Hégel sont, à ses yeux, la descendance bâtarde, il représente, lui, la lignée légitime ; et cette prétention ne nous semble pas dénuée de fondement. « L'effet que produit l'étude de Kant, dit-il, est semblable à celui de la cataracte sur un aveugle. Elle produit en nous une renaissance intellectuelle; une nouvelle manière de philosopher date de lui. » Cet enthousiasme était le fruit d'une longue fréquentation. Schopenhauer avait creusé et remué la *Critique* en tous sens ; il avait senti s'opérer en lui cette métamorphose que Kant produit nécessairement quand on a vécu dans son intimité, quand on se l'est assimilé, et qu'on n'en parle pas d'après une connaissance superficielle ou des analyses de seconde main.

Son admiration n'est cependant pas sans réserves et, outre des critiques de détail, il adresse à Kant un reproche capital, et le voici [1] :

Kant publia en 1781 la première édition de la *Critique de la Raison pure* ; et la seconde édition en 1787. Celle-ci, outre divers changements importants, contient une

1. Schopenhauer a publié un ouvrage spécial sous ce titre : *Critique de la philosophie Kantienne* (*Kritik der Kantischen Philosophie*) en appendice au tome Ier de son grand ouvrage. Voir aussi *Parerga und Paralipomena*, tom. I, § 13.

réfutation de l'idéalisme de Berkeley qui serait suivant Schopenhauer un sacrifice fait au préjugé et au sens commun. « Mais que personne ne s'imagine connaître clairement Kant ni en avoir une idée exacte, tant qu'il s'en tiendra à cette deuxième édition », et il fait remarquer que c'est sur ses observations que le professeur Rosenkranz s'est décidé en 1838 à rétablir le vrai texte.

La thèse de Schopenhauer est celle-ci : que Kant aurait été idéaliste pur dans la première édition; réaliste dans la seconde. Il aurait reconnu d'abord sous sa forme absolue et sans restriction, le principe : point d'objet sans sujet. Puis comme effrayé de sa hardiesse, il aurait admis qu'il y a, indépendamment de l'esprit qui pense, une certaine réalité externe qui, sans doute, ne peut être connue que sous les conditions de la pensée, mais qui n'existe point par elle. « La matière de l'intuition, dit Kant, est donnée du dehors. » Mais comment et par quoi? Kant ne le dit pas et quand il essaie de prouver l'existence de cet objet, il n'y arrive que par un défaut de logique que Schopenhauer signale en ces termes : La loi de causalité n'a, comme Kant l'a établi, qu'une valeur subjective; elle ne vaut que pour le sujet et dans l'ordre des phénomènes, à titre de principe régulateur. Pourquoi donc Kant se fonde-t-il sur la loi de causalité pour établir l'existence de l'*objet?* « Il appuie son hypothèse de la chose en soi sur ce que la sensation produite dans nos organes doit avoir une cause externe. Mais la loi de causalité, comme il l'a très bien montré, est *a priori;* c'est une fonction de notre intelligence, par conséquent elle est toute subjective; » elle ne peut donc avoir une valeur objective, elle ne peut être appliquée aux noumènes. Cette hypothèse toute gratuite de quelque chose d'extérieur à nous, fondée sur une application illégitime du principe de causalité, est ce que Schopenhauer appelle « le talon d'Achille » de la philosophie de Kant; et ce point vulnérable avait été déjà signalé par le kantien Schulze, dans son *Œnési-*

dème. En d'autres termes, Schopenhauer enfermait Kant dans le dilemme suivant : ou bien nos sensations sont purement subjectives et alors comment admettre une chose en soi — ou bien vous admettez une chose en soi, ce que vous ne pouvez faire qu'en vous appuyant sur le principe de causalité (la chose en soi étant supposée la cause de nos sensations) ; et alors comment ne pas reconnaître au principe de causalité une valeur objective ? Votre demi-idéalisme n'est donc pas soutenable.

Kant s'est-il contredit ? a-t-il passé de l'idéalisme pur à un réalisme problématique. Michelet (de Berlin), Kuno Fischer, Rosenkranz sont de l'avis de Schopenhauer — Ueberweg est de l'opinion contraire [1]. Il semble que tout le mal vient du sens vague que Kant donne au mot objet, qui tantôt semble désigner un pur vide, un pur néant, totalement inaccessible à la pensée ; tantôt semble représenter une existence réelle, analogue à ce que la philosophie contemporaine appelle l'inconnaissable. D'ailleurs ce n'est pas ici le lieu d'insister sur ce débat. Il suffit de noter la position de Schopenhauer à l'égard de son maître et le pas décisif qu'il fait vers l'idéalisme absolu.

Sa critique de la philosophie kantienne, pleine de remarques et de détails techniques, ne pourrait être exposée ici d'une manière utile. Notons seulement quelques points.

« Le plus grand service que Kant ait rendu c'est sa distinction entre le phénomène et la chose en soi, entre ce qui paraît et ce qui est : il a montré qu'entre la chose et nous, il y a toujours l'intelligence, et que par conséquent elle ne peut jamais être connue de nous telle qu'elle est. « Il est arrivé à la chose en soi, non par la bonne voie, mais par une inconséquence. Il n'a pas reconnu directement que la chose en soi, c'est la volonté ; il a cependant fait un pas décisif en montrant que la con-

1. M. Janet s'est rangé à l'opinion d'Ueberweg dans ses savantes leçons sur Kant, qui n'ont pas été publiées.

duite morale de l'homme est indépendante des lois qui règlent les phénomènes [1]. »

Schopenhauer admet comme excellente la théorie de Kant sur l'idéalité du temps et de l'espace qu'il a placés en nous, dans notre cerveau, au lieu de l'attribuer, comme le vulgaire, aux choses elles-mêmes. Mais, dit-il, dès que Kant passe des intuitions (perceptions) à la pensée, c'est-à-dire au jugement, quel abus de la symétrie, quelles tortures logiques imposées à la connaissance humaine ; que de répétitions, que de termes différents pour désigner la même chose ! « Sa philosophie n'a aucune analogie avec l'architecture grecque qui est simple, grande et se saisit d'un coup d'œil : elle fait penser plutôt à l'art gothique ; c'est une variété dans la symétrie ; ce sont des divisions et des subdivisions qui se répètent, comme dans une église du moyen âge. »

On sait que Kant ramène les idées de la raison à trois illusions transcendentales : l'âme, le monde et Dieu. Schopenhauer fait justement remarquer que c'est encore là un abus de la symétrie et que « deux de ces inconditionnés sont conditionnés par un troisième, à savoir l'âme et le monde par Dieu qui est leur cause primordiale. Mais, cette difficulté mise de côté, nous trouvons que ces trois inconditionnés qui, suivant Kant, sont ce qu'il y a d'essentiel à la raison, sont en réalité dus à l'influence du christianisme sur la philosophie, depuis la scolastique jusqu'à Wolf. Si simple et si naturel qu'il paraisse aux philosophes d'attribuer ces idées à la raison, il n'est nullement établi qu'elles aient dû sortir de son développement même, comme quelque chose qui lui soit propre. Pour l'établir, il aurait fallu s'aider des recherches historiques et chercher si les anciens peuples de l'Orient et notamment les Hindous et les plus vieux philosophes de la Grèce étaient réellement parvenus à ces idées ; si nous ne les leur attribuons pas trop bonnement,

1. *Kritik der kantischen Philosophie*, p. 494-500.

comme les Grecs qui retrouvaient leurs dieux partout, ou comme lorsque nous traduisons si faussement par « Dieu » le Brahm des Hindous et le Tien des Chinois ; ou si le théisme proprement dit ne se rencontre pas dans le judaïsme seul et dans les deux religions qui en sont sorties, dont les fidèles renferment sous le nom de païens les sectateurs de toutes les autres religions de l'univers [1]. »

Schopenhauer a horreur du théisme ; aussi la « guerre à mort » que Kant a livrée à la théologie naturelle, et qu'il admire fort, lui paraît avoir pour principal résultat d'avoir « découvert cette effroyable vérité que la philosophie doit être tout autre chose que la mythologie des Juifs [2] ».

En somme, il admet tous les résultats décisifs de la *Critique* de Kant : nécessité d'une analyse de l'entendement humain pour en déterminer les limites ; impossibilité de dépasser l'expérience ; nécessité de formes *a priori* pour la régler. Mais Schopenhauer, tout en acceptant ce qu'a fait son maître, prétend le dépasser. Kant a établi à quelles conditions et dans quelles limites une métaphysique est possible : Schopenhauer entreprend de l'édifier.

II

Il a d'abord très bien montré que la métaphysique n'est pas, comme on affecte souvent de le faire entendre, un simple amusement à l'usage de quelques gens oisifs. Elle est en réalité un besoin de l'homme : on peut s'en plaindre ; mais il faut bien à titre de fait le constater. Toute religion est au fond une métaphysique ; et comme les religions ont toujours eu une influence décisive sur

1. *Kritik der kant. Philosophie*, p. 576-577.
2. *Parerga und Paralipomena*, tom. I, p. 120.

la conduite de l'humanité, il faut bien reconnaître que les doctrines métaphysiques, à tort ou à raison, ont un intérêt de premier ordre.

« L'homme est le seul être qui s'étonne de sa propre existence [1]; l'animal vit dans son repos et ne s'étonnant de rien. La Nature après avoir traversé les deux règnes inconscients du minéral et du végétal et la longue série du règne animal, arrive enfin dans l'homme à la raison et à la conscience ; et alors elle s'étonne de son œuvre et se demande ce qu'elle est. Cet étonnement qui se produit surtout en face de la mort, et à la vue de la destruction et de la disparition de tous les êtres, est la source de nos besoins métaphysiques ; c'est par lui que l'homme est un *animal métaphysique*. Si notre vie était sans fin et sans douleur, peut-être ne serait-il arrivé à personne de se demander pourquoi le monde est, qu'elle en est la nature : tout cela paraîtrait se comprendre de soi-même. Mais nous voyons que tous les systèmes religieux ou philosophiques ont pour but de répondre à cette question : qu'y a-t-il après la mort ? et quoique les religions paraissent avoir pour principal objet l'existence de leurs dieux; cependant ce dogme n'a d'influence sur l'homme qu'autant qu'il est lié à celui de l'immortalité et qu'il en paraît inséparable. C'est ce qui explique aussi pourquoi les systèmes proprement matérialistes, ou absolument sceptiques, n'ont jamais pu obtenir une influence générale ni durable.

« Les temples et les églises, les pagodes et les mosquées, dans tous les pays, dans tous les temps, témoignent du besoin métaphysique de l'homme. Il peut se contenter quelquefois de fables grossières, de contes absurdes ; mais quand on les a imprimés en lui d'assez bonne heure, ils suffisent à lui donner le sens de son existence et à soutenir sa moralité. Qu'on considère par exemple le Koran : ce méchant livre a suffi pour fonder

1. *Die Welt als Wille und Vorstellung*, tom. II, chap. 17.

une des grandes religions du monde, pour satisfaire depuis 1200 ans le besoin métaphysique d'innombrables millions d'hommes, pour devenir la base de leur morale, pour leur enseigner le mépris de la mort, pour leur inspirer l'enthousiasme des guerres sanglantes et des plus lointaines conquêtes. Nous y trouvons la forme la plus plate et la plus pauvre du théisme. Il peut avoir beaucoup perdu dans les traductions; mais je n'y ai pas découvert une seule pensée de valeur. Cela montre simplement que la faculté métaphysique ne va pas toujours de pair avec le besoin métaphysique. Mais à l'origine, l'homme, plus près de la nature, en saisissait mieux le sens : voilà pourquoi les aïeux des Brahmanes, les Richis, en étaient arrivés à des conceptions surhumaines, qui ont été plus tard consignées dans les Oupanischas.

« Jamais il n'a manqué de gens qui ont vécu de ce besoin métaphysique de l'homme. Chez les peuples primitifs, les prêtres se sont arrogé le monopole des moyens propres à le satisfaire. Et actuellement encore ils ont le grand avantage de pouvoir inculquer à l'homme leurs dogmes métaphysiques, dès sa plus tendre enfance, alors que le jugement n'est pas encore éveillé chez lui; et ces dogmes, une fois imprimés, si absurdes qu'ils soient, demeurent toujours. S'ils devaient attendre jusqu'au moment où le jugement est formé, leurs privilèges ne pourraient subsister.

« Une seconde classe de gens qui vivent du besoin métaphysique de l'homme, ce sont ceux qui vivent de la philosophie. On les appelait chez les Grecs sophistes; chez les modernes, ce sont les professeurs de philosophie. Mais il arrive rarement que ceux qui vivent de la philosophie vivent *pour* la philosophie. Quelques-uns pourtant, comme Kant, ont fait exception.

Comment est satisfait ce besoin métaphysique?

« J'entends par métaphysique ce mode de connais-
« sance qui dépasse la possibilité de l'expérience, la na-

« ture, les phénomènes donnés, pour expliquer ce par « quoi chaque chose est conditionnée, dans un sens ou « dans l'autre ; ou, en termes plus clairs, pour expliquer « ce qu'il y a derrière la nature et qui la rend possi- « ble. »

Chez les peuples civilisés, elle se produit de deux manières, suivant qu'elle cherche ses preuves *en elle-même* ou *hors d'elle-même*. Les systèmes philosophiques appartiennent à la première catégorie : leurs motifs de croyance sont tirés de la réflexion, du jugement exercés à loisir ; aussi ne sont-ils accessibles qu'à un très petit nombre d'hommes et seulement dans une civilisation avancée. — Les systèmes de la deuxième espèce s'appellent les Religions : leur motif de croyance est, comme nous l'avons dit, extérieur : c'est une *révélation* qui s'appuie sur des signes et des miracles. Elles suffisent à l'immense majorité des hommes, lesquels sont plus disposés à croire qu'à réfléchir et s'inclinent sous l'autorité. — Entre ces deux formes de doctrines qui s'offrent chacune pour satisfaire les besoins métaphysiques de l'humanité, il y a une hostilité éternelle, tantôt sourde, tantôt déclarée. Mais tandis que les doctrines de la première sorte ne sont que *tolérées*, celles de la deuxième sorte sont *dominantes*. Quel besoin, en effet, une religion aurait-elle du suffrage de la philosophie ? Elle a tout de son côté : révélation, antiquité, miracles, prophéties, protection de l'Etat, rang suprême comme il appartient à la vérité, estime et respect de tous, temples sans nombre où elle est enseignée et pratiquée, légions de prêtres assermentés, et ce qui est plus que tout le reste, l'inestimable privilège de pouvoir imprimer sa doctrine, dès l'âge le plus tendre, chez des enfants pour qui elle devient comme une idée innée. — Dans sa lutte contre ce puissant ennemi, la philosophie a pourtant des alliés : ce sont les sciences positives qui toutes, sans être en hostilité déclarée avec la religion, jettent cependant sur son domaine des ombres soudaines, inattendues.

Les religions sont donc, en définitive, *la métaphysique du peuple :* en comprenant ce mot peuple au sens intellectuel, sans acception de rang social ou de fortune, pour désigner tous ceux qui sont incapables de chercher et de penser par eux-mêmes. « La religion est le seul moyen de révéler et de rendre sensible la haute signification de la vie, aux sens grossiers et à la lourde intelligence de la foule plongée dans les occupations inférieures et le travail matériel. Car l'homme, pris en général, n'a primitivement qu'un désir, la satisfaction de ses besoins et de ses plaisirs physiques. Mais les fondateurs de religions et les philosophes viennent dans le monde pour le tirer de son engourdissement et lui montrer le sens élevé de son existence : le philosophe pour le petit nombre et les plus raffinés; le fondateur de religion pour le grand nombre, pour le gros de l'humanité. Car, comme l'a bien dit Platon, « il est impossible que la foule soit philosophe. » La religion est la métaphysique du peuple. Il y a une poésie populaire, une sagesse populaire exprimée dans les proverbes, il faut aussi qu'il y ait une métaphysique populaire; car les hommes ont absolument besoin d'*une interprétation de la vie;* et elle doit être mesurée à la puissance de leur esprit. De là le vêtement allégorique dont la vérité se couvre. Les diverses religions ne sont que les diverses figures sous lesquelles le peuple essaie de saisir une vérité qu'il ne peut embrasser et se la représente [1]. »

« Une preuve de la nature *allégorique* des religions, c'est que toutes renferment des mystères, c'est-à-dire des dogmes qui ne peuvent se traduire clairement. De là vient qu'elles n'ont pas besoin, comme la philosophie, de donner leurs preuves. Mais en même temps, elles n'avouent jamais leur nature allégorique, et elles soutiennent qu'elles doivent être tenues pour vraies au sens propre. Il n'y a cependant, au fond, d'autre révéla-

1. *Parerga und Paralipomena*, § 175.

tion que les pensées des sages, mises en harmonie avec les besoins de l'humanité.

« Les religions sont nécessaires au peuple, et sont pour lui un bienfait inappréciable. Même lorsqu'elles s'opposent aux progrès de l'humanité dans la connaissance du vrai, elles ne doivent être mises de côté qu'avec tous les égards possibles. Mais demander qu'un grand esprit — un Gœthe, un Shakespeare accepte, *bona fide et sensu proprio*, les dogmes d'une religion quelconque, c'est demander qu'un géant chausse les souliers d'un nain. »

Schopenhauer a une façon originale de classer les religions. Selon lui, la différence fondamentale ne consiste pas en ce qu'elles sont monothéistes, polythéistes ou panthéistes; mais en ceci : Sont-elles optimistes ou pessimistes? disent-elles que la vie est bonne ou mauvaise? — Une idée ingénieuse et moins contestable, c'est que toute religion pourrait, avec une habilité suffisante, être traduite en une philosophie correspondante; et que de même toute philosophie a une forme religieuse qui peut l'exprimer. Ainsi, dit-il, si on veut donner à ma philosophie la forme religieuse, on en trouvera l'expression la plus complète dans le bouddhisme.

III

Le besoin métaphysique de l'homme, sous sa forme supérieure, est satisfait, comme nous l'avons vu, par la philosophie. Voyons ce que Schopenhauer, disciple de Kant, entend par philosophie, comment il en détermine l'objet et les limites.

« La véritable philosophie, dit-il, celle qui nous apprend à connaître l'essence du monde, et nous élève ainsi au-dessus des phénomènes, ne se demande ni *d'où* vient le monde, ni *où* il va, ni *pourquoi* il est, mais simplement *ce qu'il est* [1]. » « Le mérite et l'honneur de la philosophie c'est de ne pas prendre, comme les mystiques, ses *data* dans les faits exceptionnels, mais au contraire dans tout ce qui est donné par la perception du monde extérieur. Par conséquent *elle doit rester une cosmologie et ne jamais devenir une théologie.* Elle doit se limiter à ce monde : exprimer complètement ce qu'il est, dans son fond le plus intime, c'est là tout ce qu'elle peut dire loyalement. Voilà pourquoi ma doctrine, quand elle a atteint son point culminant, prend un caractère *négatif*, et finit par une négation [2]. » « Ma philosophie, disait-il encore à Frauenstaedt[3], dénoue véritablement l'énigme du monde, dans les bornes de la connaissance humaine. En ce sens, on peut l'appeler une révélation. Elle est inspirée d'un tel esprit de vérité, qu'il y a dans la morale certains paragraphes qu'on pourrait considérer comme suggérés par l'Esprit-Saint. »

Il a en horreur les termes creux et vagues, comme absolu, infini, suprasensible et autres de même nature, il leur applique ce mot de l'empereur Julien : « Ce ne sont rien que des termes négatifs, accompagnés d'une conception obscure. » Sa grande découverte, sa « Thèbes aux cent portes » dont nous parlerons longuement plus tard (ch. 4), c'est que tout se réduit à la volonté. Il s'appelait le Lavoisier de la philosophie et il prétendait que cette séparation dans l'âme de deux éléments (intelligence et volonté) est pour la philosophie ce que la séparation des deux éléments de l'eau a été pour la chimie. Mais après avoir ainsi ramené l'explication dernière du monde à la volonté, il se hâte d'ajouter qu'il ignore ce que peut

1. Die achte philosophische Betrachtungweise der Welt, d. h. diejenige, welche uns ihr inneres Wesen erkennen lehrt und so über die Erscheinung hinaus führt, ist gerade die, welche nicht nach dem Woher und Wohin und Warum, sonder immer und überall nur nach dem Was der Welt fragt. (*Die Welt als Wille und Vorstellung*, I, § 53.)

2. *Die Welt als Wille*, u. s. w., tom. II, p. 700.

3. *Memorabilien*, p. 155

être en elle-même la volonté ; et que « la philosophie n'a aucun moyen de rechercher ni la cause efficiente ni la cause finale du monde. » Elle est « la reproduction complète de l'univers qu'elle réfléchit, comme un miroir, dans ses concepts asbtraits » ; et Bacon a eu raison de la définir en ces termes que Schopenhauer accepte sans réserve : « Ea demum vera est philosophia, quæ mundi ipsius voces fidelissime reddit, et, velut dictante mundo conscripta est, et nihil aliud est quam ejusdem simulacrum et reflectio, neque addit quidquam de proprio, sed tantum iterat et resonat [1] ».

Comme la philosophie, l'art est une réponse à cette question : qu'est-ce que la vie? Toute œuvre d'art véritable y répond à sa manière, avec justesse. Mais les arts parlent tous la langue naïve et enfantine de l'intuition ; non la langue abstraite et grave de la réflexion : aussi leur réponse est une image fugitive, non une connaissance stable et générale. Leur réponse, si juste qu'elle puisse être, ne donne qu'une satisfaction d'un jour, non complète et finale. Ils ne donnent jamais qu'un exemple au lieu d'une règle, un fragment au lieu d'un tout, que l'idée générale seule peut fournir.

La philosophie de Schopenhauer se place donc, comme le fait remarquer un de ses disciples, à titre de conception intermédiaire entre son maître Kant et ses ennemis Schelling et Hegel. Kant dit : ne rien savoir ; Schelling et Hegel : tout savoir ; Schopenhauer : savoir quelque chose. — Quoi ? — Ce qui est contenu dans l'expérience tout entière. Sa philosophie peut donc être définie comme il l'a fait lui-même : *un dogmatisme immanent*, c'est-à-dire qui reste dans le domaine de l'expérience, qui se propose de l'expliquer, de la ramener à ses derniers éléments ; par opposition avec le dogmatisme transcendant, qui, sans souci de l'expérience, s'élève au-dessus

1. *Die Welt als Wille*, tom. I, § 15. Il répète que : die Philosophie sucht keineswegs *woher* oder *wozu* die Welt dasei ; sondern bloss *was* die Welt ist.

du monde et croit tout expliquer par des hypothèses gratuites ou des solutions théologiques.

Si la philosophie est purement et simplement une cosmologie, une théorie du monde, une interprétation des données expérimentales, son critérium est indiqué par là même : *c'est l'expérience*. « La matière de toute philosophie ne peut être que la conscience empirique, laquelle se scinde en conscience de soi-même et conscience des autres choses (perception extérieure), c'est là la seule connaissance qui soit immédiate, réellement donnée. La philosophie ne peut pas se construire avec de pures idées : Essence, substance, être, perfection, nécessité, infini, absolu, etc., etc., « sont des mots qui semblent tomber du ciel, mais qui, comme toutes les idées, doivent dériver d'intuitions, de perceptions primitives. D'ailleurs n'est-il pas absurde pour comprendre et expliquer l'expérience de commencer par l'ignorer, et de procéder *a priori*, à l'aide de formes vides ? N'est-il pas naturel que la *science de l'expérience en général* (la philosophie) puise aussi dans l'expérience ? Son problème est empirique ; pourquoi l'expérience ne servirait-elle pas à le résoudre ? L'objet de la métaphysique ce n'est pas d'observer des expériences particulières, mais d'expliquer exactement l'expérience en général. Il faut donc absolument que son fondement soit empirique. Il y a plus : le caractère *a priori* d'une partie de la connaissance humaine est saisi à titre de *fait* donné, d'où nous concluons son origine subjective. La source de toute connaissance pour la métaphysique, c'est donc l'expérience seule ; mais l'expérience *interne* aussi bien que l'expérience *externe*. »

L'impuissance radicale de toute métaphysique à dépasser l'expérience a été établie par Kant et il n'y a rien à ajouter. Mais il y a une autre voie que les spéculations *a priori* qui peut conduire à la métaphysique. La totalité de l'expérience ressemble à un hiérogliphe que la philosophie doit déchiffrer. Si les divers mots traduits se lient entre eux et offrent un sens, la traduction est considérée comme exacte : de même pour l'interprétation du monde. Quand on trouve un écrit dont l'alphabet est inconnu, on essaie de l'interpréter jusqu'à ce qu'on tombe sur la valeur véritable des lettres, de manière à en faire des mots qui aient un sens et des phrases qui se lient. Alors il n'y a plus de doute que l'écrit est vraiment déchiffré ; puisqu'il n'est pas possible que cette liaison que l'interprétation établit entre les mots soit purement fortuite, ni qu'on arrive pareillement, en donnant aux lettres une tout autre valeur, à des mots et des phrases liées entre elles. C'est de la même manière qu'il peut se prouver que l'énigme du monde est réellement déchiffrée. Il faut qu'une égale lumière s'étende à tous les phénomènes, que les plus hétérogènes soient mis en harmonie, qu'entre les plus opposés la contradiction s'efface. Notre traduction sera fausse si, expliquant quelques phénomènes, elle n'en est que mieux en contradiction avec les autres. Ainsi l'optimisme de Leibniz que contredisent si bien les misères de la vie. Or, un des principaux mérites de ma doctrine, dit Schopenhauer (ce que nous verrons plus tard), c'est que par elle grand nombre de vérités indépendantes les unes des autres retrouvent leur unité et leur harmonie.

La métaphysique n'a donc à s'occuper que d'une chose : des phénomènes du monde, dans leurs rapports réciproques. Elle ne s'élève au-dessus de la nature, qu'en ce seul sens, qu'elle pénètre jusqu'à ce qui est caché en elle ou sous elle ; mais sans jamais considérer ce quelque chose, en soi-même, indépendamment des phénomènes qui le manifestent : elle reste donc immanente et ne devient jamais transcendante.

Mais si elle est restreinte à la seule explication des phénomènes, si elle n'a d'autre critérium que l'expérience, pourquoi la physique (comprise au sens large des anciens) ne remplirait-elle pas cet office? Ayant la physique, quel besoin aurions-nous de la métaphysique?

— C'est que la physique, d'elle-même, ne pourrait se tenir sur ses pieds : elle a besoin d'une métaphysique qui la soutienne. Car que fait-elle? Elle explique les phénomènes par une chose encore plus inconnue qu'eux-mêmes; par des lois naturelles et des forces naturelles. Mais quand même on aurait trouvé l'explication *physique* du choc d'une bille, ainsi bien que du fait de la pensée dans le cerveau, ce qu'on s'imaginerait si bien comprendre serait, au fond, plus obscur que jamais : car la pesanteur, le mouvement, l'élasticité, l'impénétrabilité restent, après toutes les explications physiques, un mystère aussi bien que la pensée[1]. Toutes les doctrines naturalistes, depuis Démocrite et Epicure, jusqu'à d'Holbach et Cabanis, n'ont eu qu'un but : constituer une physique sans métaphysique ; ce qui au fond est une doctrine qui fait du phénomène la chose en soi. Aussi toute distinction entre la physique et la métaphysique se réduit, en définitive, à la distinction entre ce qui paraît et ce qui est, que Kant a nettement établie. Confondre la physique et la métaphysique, ce serait en réalité détruire toute morale. On soutient faussement que la moralité est inséparable de la doctrine théiste; mais cela est vrai de la métaphysique en général, c'est-à-dire de cette connaissance que l'ordre de la nature n'est pas l'ordre unique et absolu des choses. C'est pourquoi on peut dire que le *Credo* nécessaire de tous les justes et des bons est celui-ci : Je crois en une métaphysique[2].

Nous avons insisté, au risque de fatiguer le lecteur, sur ce point important que la métaphysique, pour Schopenhauer, n'est qu'une cosmologie. C'est que cette thèse importante et originale ne nous semble pas bien connue en France, où Schopenhauer est jugé surtout d'après les singularités de sa morale.

1. Pour plus de détails sur ce point, voir ci-après le chapitre IV : *la Volonté*, § Ier.
2. *Die Welt als Wille und Vorstellung*, tom. II, ch. 17.

De ce point de vue, il condamne la théologie naturelle aussi bien que le spiritualisme ou le matérialisme.

Il y a, dit-il, des conceptions de la philosophie qui sont non-philosophiques au plus haut degré, par exemple, celle qui lui donne pour objet de déterminer le rapport du monde avec Dieu. C'est cependant l'erreur dans laquelle beaucoup de philosophes modernes sont tombés. Leur philosophie n'est d'un bout à l'autre que théologie; mais ils se contentent d'établir les rapports de l'univers et de Dieu sans spéculer sur les trois personnes de la Trinité et leurs rapports entre elles ; comme si la philosophie n'avait rien de mieux à faire que de porter la queue de la théologie. Contrairement à cette philosophie déloyale, impure, théologisante, je ferai remarquer que toute vraie philosophie est essentiellement *athéologique*. Que l'on parte, comme les anciens, de l'axiome : Rien ne vient de rien ; ou comme les modernes, du sujet pensant, dans le cerveau duquel le monde est représenté, pour distinguer le phénomène de la chose en soi, ce qui est représenté de la réalité représentée ; dans les deux cas, la philosophie, pour rester elle-même, n'a pas à se préoccuper des dogmes traditionnels d'une église quelconque, ni à sortir du monde pour s'élever à un Dieu qui en diffère *toto cœlo*; elle doit rester dans le monde où elle trouve une antithèse entre ce qui est éternel, immuable, et ce qui est temporel, périssable : entre la chose en soi et le phénomène, et cela dans l'*intérieur* même de l'univers. Elle ne sait rien d'un Dieu personnel, situé hors du monde : elle est donc *en ce sens*, athée.

Schopenhauer a repris pour son compte toute la critique que Kant a faite de la théologie rationnelle, sans y rien ajouter d'ailleurs d'essentiel. Il soutenait que l'idée de Dieu n'est pas innée ; que le théisme est un résultat de l'éducation, et que si on ne parlait jamais de Dieu à un enfant, il n'en saurait jamais rien ; que

Kopernik par ses découvertes astronomiques est l'un des hommes qui a le plus fortement ébranlé le théisme, etc., etc.[1]

L'idée de Dieu, fût-elle innée, ne serait pour nous d'aucun profit. D'abord Locke a établi d'une manière irréfutable qu'elle ne l'est pas : admettons cependant ce caractère d'innéité. Qu'est-ce qu'une vérité innée ? c'est une vérité subjective. L'idée de Dieu serait donc une forme *a priori*, toute subjective, comme le temps, l'espace, la causalité; mais qui n'établirait en rien l'existence *réelle* d'un Dieu[2]. Ce qui infirme à jamais toute théologie rationnelle c'est que le nerf caché de toutes ses démonstrations, c'est le principe de causalité, — ou de raison suffisante — qui, valable dans l'ordre des phénomènes, n'a plus aucun sens, dès qu'on en sort. « La philosophie « est essentiellement la connaissance du monde : son « problème est le monde : c'est de lui seul qu'elle s'oc- « cupe et elle laisse les dieux en repos ; elle espère qu'ils « feront de même à son égard[3]. »

Schopenhauer rejette comme absolument illusoire, l'opposition vulgairement établie entre l'esprit et la matière. Le monde, considéré philosophiquement, se scinde non pas en pensée et en étendue, comme le voulaient Descartes et son école ; mais en monde *réel* (c'est-à-dire indépendant de la connaissance) et en monde *idéal* (représenté, connu, pensé); ce qui s'appelle dans la langue de Kant, l'opposition de la chose en

1. Er leugnete dass die Idee Gottes angeboren sei. Der Theismus ist anerzogen. Man sage einem Kinde nie etwas von Gott vor, so wird er von keinem Gott wissen. — Seit Kopernikus kommen die Theologen mit dem liebem Gott in Verlegenheit; denn es ist kein Himmel mehr, für ihn da, wo sie ihn, wie früher, placiren konnten. Keiner hat dem Theismus so viel gestadet als Kopernikus. — *Memorabilien*, p. 171 et 10. — Il n'est pas plus doux pour le panthéisme : il prétend « qu'un Dieu impersonnel est une invention des professeurs de philosophie, un mot vide de sens pour contenter les niais et faire taire les cochers de fiacre. »

2. *Ueber die vierfache Wurzel des Satzes v. z. Grunde* § 32-35.

3. *Die Welt als Wille* u. s. w., tom. II, ch. 17 *ad finem*.

soi et du phénomène. Le monde réel, comme nous le verrons, c'est la volonté; le monde idéal, c'est la représentation, la connaissance[1].

Les matérialistes, comme les spiritualistes, dérivent le monde, d'un pur mode de représentation du sujet connaissant : ils sont ainsi les uns et les autres, peut-être sans s'en douter, des réalistes sans critique, puisqu'ils tiennent une pure représentation pour une réalité. En fait, il n'y a ni esprit ni matière. Tous deux sont des *qualités occultes* par lesquelles on n'explique rien. « Dans la mécanique elle-même, dès que nous essayons de dépasser ce qui est purement mathématique, pour en venir à l'impénétrabilité, à la pesanteur, à la fluidité, nous sommes en présence de manifestations aussi mystérieuses que la pensée et le vouloir le sont dans l'homme. En quoi consiste donc cette matière que vous connaissez et comprenez si intimement que c'est par elle que vous expliquez tout ; à elle que vous ramenez tout ? — Ce qui est mathématique est toujours compréhensible et pénétrable, ayant sa racine dans le sujet, dans notre organe représentatif; mais dès qu'on passe à quelque chose d'objectif, qui ne puisse être déterminé *a priori*, tout reste finalement inexplicable. Ce que perçoivent les sens et l'intelligence est un phénomène tout superficiel qui laisse intacte l'essence vraie et interne des choses. Place-t-on dans la tête humaine un « esprit » à titre de *Deus ex machina* ; alors il faudra aussi mettre un « esprit » dans chaque pierre. Si au contraire on admet qu'une matière morte, inerte, peut agir comme pesanteur, comme électricité, on doit admettre tout aussi bien qu'elle peut penser comme masse cérébrale. En un mot, à tout prétendu esprit, on peut attribuer une matière ; à toute matière un esprit : d'où il résulte que l'opposition établie entre les deux est fausse. »

L'antithèse admise entre l'âme et le corps, l'esprit et la

1. *Parerga und Paralipomena*, I, 1-19 II, 89.

matière, est en réalité l'opposition du subjectif et de l'objectif. Schopenhauer poursuit avec animosité les termes « âme » et « esprit », hypostases vides et factices, qui devraient être bannies de la langue philosophique. Le mot esprit n'offre aucun sens clair; car il n'est pas réductible à des intuitions, à des faits donnés dans l'expérience. La seule conception vraie de l'esprit, c'est celle d'une intelligence considérée comme fonction du cerveau « car penser sans cerveau est aussi impossible que digérer sans estomac. » On demande avec étonnement : qu'est-ce que ce cerveau dont la fonction est de produire ce phénomène des phénomènes? qu'est-ce donc que cette matière qui peut devenir si raffinée et si puissante que l'excitation de quelques-unes de ses molécules devient le support du monde objectif? Effrayé de cette question, on crée l'hypostase d'une substance simple, d'une âme immatérielle. Cela n'explique rien. Nous verrons que le mot de l'énigme c'est : volonté. — De même pour le moi — ce que Kant appelle l'unité synthétique de l'aperception : — ce foyer de l'activité cérébrale est un point indivisible, par conséquent simple ; mais il n'est pas pour cela une substance (âme) : il n'est qu'un état. Ce moi connaissant et conscient est par rapport à la volonté, ce que l'image formée au foyer d'un miroir concave est au miroir lui-même, et n'a comme cette image qu'une réalité conditionnée, apparente. Le moi, bien loin d'être primaire, primitif, comme le prétend Fichte, est en réalité tertiaire, puisqu'il suppose l'organisme qui suppose la volonté [1].

IV

Tandis que la philosophie a pour objet la totalité de l'expérience, chaque science particulière a pour objet

1. L'exposé détaillé de la doctrine éclaircira tout ce qu'il peut y avoir d'obscur dans ces généralités.

une catégorie déterminée d'expériences. Chaque science particulière, — la chimie, la botanique, la zoologie — a sa philosophie qui consiste dans les plus hauts résultats de cette science. La philosophie élabore ces derniers résultats, comme chaque science élabore les *data* qui sont de son domaine : c'est le passage du savoir partiellement unifié au savoir complètement unifié. Les sciences empiriques peuvent être cultivées pour elles-mêmes et sans aucune tendance philosophique. C'est une occupation excellente pour de bons esprits, amoureux du détail et des recherches minutieuses ; elle ne peut suffire aux esprits philosophiques. On peut comparer les premiers à ces ouvriers de Genève qui ne font toujours, l'un que des roues de montre, l'autre que des ressorts, l'autre que les chaînes : le philosophe est l'horloger qui de cela fait un tout qui marche et qui a un sens[1].

Schopenhauer n'admet pas qu'on distingue dans la philosophie une partie théorique et une partie pratique. Pour lui cette science est tout entière *théorique*: elle n'a qu'une seule mission : expliquer ce qui est. Voici comment il entend la division de la philosophie.

D'abord, à titre de préliminaire, une théorie de la connaissance consistant en une *critique* de la faculté de connaître, comprise à la manière de Kant. Et comme nos connaissances sont de deux espèces : les unes concrètes, intuitives, expérimentales, qui nous sont données par l'entendement (*Verstand*) ; les autres abstraites, discursives, rationnelles, qui nous sont données par la raison (*Vernunft*: il y a ainsi une étude des connaissances concrètes ou primaires que Schopenhauer appelle *Dianoiologie;* et une étude des connaissances abstraites ou secondaires qu'il nomme *Logique*.

Cela fait, l'œuvre propre de la métaphysique commence. Or, comme la totalité de l'expérience, c'est-à-dire des *faits* qui nous sont donnés, comprend les phénomènes

1. *Die Welt als Wille und Vorst.*, t. II, 128.

naturels, la production esthétique, les actes moraux, nous aurons

Une métaphysique de la nature;

Une métaphysique du beau ;

Une métaphysique des mœurs.

Tel est l'ordre suivi par Schopenhauer dans son grand ouvrage et qui servira de cadre à notre exposition. Quelques mots cependant sur des sciences qui peuvent sembler omises dans cette division

En ce qui concerne la *psychologie*, Schopenhauer dit avec raison que s'il s'agit de psychologie rationnelle, Kant a montré que l'hypothèse transcendante d'une âme est indémontrable; par suite il faut laisser l'antithèse de l'esprit et de la nature aux hegéliens et aux philistins. Ce qu'il y a de permanent dans l'homme ne peut s'expliquer séparément et indépendamment des autres choses de la nature; car il est une portion de la nature. La chose en soi doit être trouvée et déterminée sous une forme générale; non sous la forme humaine. — S'agit-il de l'anthropologie, c'est-à-dire de la connaissance expérimentale de l'homme? cette étude appartient en partie à l'anatomie, en partie à la physiologie, en partie à la psychologie empirique, c'est-à-dire « à cette science d'observation qui s'occupe des phénomènes moraux et intellectuels, des qualités de l'espèce humaine et des variétés individuelles. » Ce qu'il y a de plus important dans ces faits est nécessairement prélevé et traité par avance dans les trois parties de la métaphysique. La psychologie n'aurait le droit de former une quatrième partie que si l'âme était un être à part.

Schopenhauer a sur l'histoire des vues originales[1]. Toutes les sciences forment un concert dont la philosophie fait l'unité. Toutes en commun ont cette fonction de ramener à des lois et des concepts la multiplicité des phénomènes. A ce titre l'histoire ne peut prendre place

1 *Die Welt als Wille und Vorstellung*, tom. II, chap 38.

dans le concert ; car il lui manque le caractère fondamental de la science : la *subordination* des faits et des choses. Elle ne peut les présenter que sous la forme d'une coordination. Aussi l'histoire ne peut se mettre sous forme systématique, comme les sciences. Celles-ci sont un système de concepts, elles ne parlent que d'espèces ; l'histoire ne parle que d'individus. Elle serait donc une science des individus ; ce qui est une contradiction dans les termes. — Soutenir que les grandes périodes de temps, les révolutions, les grands faits historiques sont du *général*, c'est abuser des mots : car tout cela est encore du particulier. En géométrie, de la définition du triangle, je puis déduire ses propriétés. En zoologie, je puis connaître des caractères généraux applicables à tous les vertébrés ou à tous les mammifères. En histoire, des déductions de cette espèce, quand elles sont possibles, ne donnent que des connaissances superficielles. — En réalité, ce qu'il y a d'essentiel dans la vie de l'homme, comme dans la vie de la nature, est toujours contenu dans le *présent*, seulement pour le trouver, il faut creuser et approfondir. L'histoire espère remplacer la profondeur par la longueur et la largeur. Le présent n'est pour elle qu'un fragment, qui doit être complété par le passé dont la longeur est infinie et auquel s'ajoute un avenir sans fin. De là la différence des esprits philosophiques et des esprits historiques : ceux-là veulent approfondir ; ceux-ci compter sans fin. L'histoire ne montre toujours que la même chose sous des formes autres. Les chapitres de l'histoire des peuples ne diffèrent que par les noms et le nombre des années ; mais ce qu'il y a d'essentiel est toujours le même.

Les hegéliens qui considèrent la philosophie de l'histoire comme le but suprême de leur philosophie n'ont pas compris cette vérité capitale, plus vieille encore que la doctrine de Platon : l'essentiel est ce qui dure, non ce qui devient toujours. Guidés par leur plat optimisme, et considérant le monde comme réel, ils placent leur but dans un misérable bonheur terrestre qui, même quand il est favorisé des hommes et du destin, est une chose si vide, si trompeuse, si fragile, si attristante, que ni les constitutions, ni les lois, ni les machines à vapeur, ni les télégraphes ne le rendront jamais foncièrement meilleur. Ces optimistes sont, malgré leurs prétentions, de pitoyables chrétiens. Car l'esprit véritable du christianisme, comme du brahmanisme et du bouddhisme, c'est de reconnaître le néant du bonheur terrestre et de le mépriser. Je le répète : c'est là le but et le cœur même du christianisme et non, comme on se l'imagine, le monothéisme. Aussi le bouddhisme athée est en réalité bien plus près du christianisme que le judaïsme optimiste et l'islam, sa variété.

La vraie philosophie consiste à rechercher, dans l'histoire comme partout, ce qui est *immuable*. Elle consiste à reconnaître que dans ces changements embrouillés et sans fin, il y a un fond qui reste invariablement le même, qui agit aujourd'hui, comme hier, comme toujours ; que dans les temps anciens et modernes de l'Orient comme de l'Occident, malgré les différences de circonstances, de costumes, de mœurs, il y a quelque chose d'identique, et qu'on retrouve partout la même humanité. Ce fond identique, immuable au milieu de tous les changements, dans les qualités du cœur et de la tête, chez l'homme, le voici : beaucoup de méchants, peu de bons. La devise de l'histoire devrait être : *Eadem sed aliter*. Quand on a lu Hérodote avec un esprit vraiment philosophique, on a assez étudié l'histoire ; car on trouve là tout ce qui constitue le reste de la vie de l'humanité : les efforts, les actes, les douleurs, les destinées de l'espèce humaine, tels qu'ils résultent de ses qualités physiques et morales. Ce que l'histoire raconte n'est au fond que le rêve long, pesant et confus de l'humanité.

Telles sont les idées générales qui peuvent servir d'introduction à la doctrine que nous allons maintenant étudier.

CHAPITRE III

L'INTELLIGENCE

THÉORIE DE LA CONNAISSANCE

I

« Le monde est ma représentation. » C'est là une vérité valable pour tout être vivant et connaissant; bien que l'homme seul puisse en avoir la conscience réfléchie et abstraite. Dès qu'il commence à philosopher, il voit clairement et certainement qu'il ne connaît ni le soleil ni la terre; mais qu'il y a toujours un œil qui voit le soleil, une main qui sent la terre; en un mot que le monde qui l'entoure n'existe que comme représentation, c'est-à-dire par rapport à une autre chose, le sujet percevant, qui est lui-même. Nulle vérité n'est aussi sûre ni aussi indépendante de toute autre, nulle n'a moins besoin de preuves que celle-ci : Tout ce qui existe pour la connaissance, c'est-à-dire le monde entier, n'est objet que par rapport à un sujet, perception que par rapport à quelque chose qui perçoit, en un mot, représentation. Cela est vrai du présent, comme du passé, comme de l'avenir, de ce qui est près comme de ce qui est loin : car cela est vrai du temps et de l'espace, dans lesquels tout cela se développe.

« Le monde est ma représentation. » Ce n'est certes pas là une vérité nouvelle. Elle se trouve dans les écrits des sceptiques et mieux qu'aucun autre, Descartes l'a formulée. En posant son *cogito, ergo sum*, comme seul certain et en considérant préalablement l'existence du monde comme problématique, il a trouvé le point de départ essentiel et légitime, en même temps que le point d'appui vrai de toute philosophie : lequel est essentiellement *subjectif* et réside *dans la conscience*. Car celui-là seul est et reste immédiat ; tout autre, quel qu'il soit, est médiat et conditionné, par suite dépendant. Aussi est-ce avec raison que Descartes est considéré comme le père de la philosophie moderne.

« Berkeley, en suivant la même route, alla plus loin, jusqu'à l'*idéalisme* proprement dit, c'est-à-dire jusqu'à reconnaître que ce qui est étendu dans l'espace, par conséquent le monde objectif, matériel, comme tel, existe simplement dans notre représentation ; qu'il est faux et même absurde d'ajouter à la représentation une existence qui serait en dehors d'elle et indépendante du sujet connaissant, de supposer une matière existant par elle-même. Tel est le service rendu par Berkeley à la philosophie, service immense, quels qu'aient pu être ses défauts par ailleurs.

« Bien avant Berkeley et Descartes, une école de l'Inde, la philosophie Védanta, attribuée à Vyasa, avait reconnu ce principe fondamental ; car sa doctrine consistait, non à nier l'existence de la matière, c'est-à-dire de la solidité, de l'impénétrabilité, de l'étendue (ce qui serait une véritable folie) ; mais à corriger à cet égard la notion populaire et à soutenir qu'il n'y a pas d'essence indépendante de la perception mentale ; qu'exister et être perçu sont des termes convertibles [1]. »

1. *Die Welt als Wille und Vorstellung*, tome I, liv. I, § 1 et tome II, chap. I.

Mais cette vérité : *le monde est ma représentation*, est une vérité incomplète. Elle a besoin d'être complétée et elle le sera plus tard par une vérité qui n'est pas aussi immédiatement certaine que celle dont nous parlons ici, mais à laquelle nous pouvons être conduits par une recherche plus profonde, par une séparation du dissemblable et une synthèse de l'identique, — cette vérité est : *Le monde est ma volonté.*

Bornons-nous ici à l'étude de la première proposition, le monde étant, pour un moment, supposé un simple objet de connaissance, indépendant de toute activité volontaire ou autre. Nous devons d'abord faire remarquer, — car Schopenhauer y tient beaucoup, — que son point de départ est *un fait concret : la représentation.* Il ne part ni du sujet ni de l'objet ; mais de la représentation qui les contient et les suppose tous les deux ; car la division en sujet et en objet est sa forme primitive, générale et essentielle. « C'est là ce qui distingue ma méthode de tous les autres essais philosophiques, lesquels partaient ou du sujet ou de l'objet et cherchaient à expliquer l'un par l'autre, en s'appuyant sur le principe de raison suffisante ; tandis que je soustrais à son empire le rapport de sujet à objet, et que je ne lui laisse que l'objet [1]. » — Les systèmes qui sont partis de l'objet avaient pour problème l'ensemble du monde perçu et son ordre ; et ils ont essayé de l'expliquer de diverses façons : soit par la matière, comme les purs matérialistes ; soit par des concepts abstraits, comme Spinoza et les Eléates ; soit par une volonté, guidée par l'intelligence, comme les scolastiques (création *ex nihilo*). De tous ces systèmes, le plus conséquent et le plus large est le matérialisme pur. Il n'en repose pas moins sur une absurdité fondamentale qui consiste à vouloir éclaircir le sujet par l'objet, à essayer

1. *Die Welt* u. s. w., tome I, § 7. Cela veut dire que Schopenhauer considère le monde objectif comme régi par la loi de la causalité ; mais qu'il n'admet pas qu'entre le sujet connaissant et l'objet connu, il y ait un rapport de causalité.

d'expliquer ce qui nous est donné immédiatement par ce qui nous est donné médiatement. Point d'objet sans sujet, tel est le principe qui infirme à jamais tout matérialisme. « Des soleils et des planètes sans un œil qui les voie, sans une intelligence qui les comprenne, cela peut bien se dire en paroles ; mais ces paroles sont, pour la représentation, comme serait du fer en bois. » — Ceux qui sont partis du sujet n'ont pas mieux réussi. Le plus bel exemple qu'on en trouve est dans J. Fichte. Pour lui, en vertu du principe de raison suffisante, considéré « une vérité éternelle, » le moi est la base du non-moi, du monde, de l'objet, qui est sa conséquence, son œuvre. Mais ce principe, « vérité éternelle » qui régnait sur les dieux anciens, n'est qu'un principe relatif, conditionné, valable seulement dans l'ordre des phénomènes, et auquel on ne donne une valeur absolue que par une illusion complète de l'esprit.

Si le seul point de départ légitime est la représentation et si le monde est ma représentation, il en résulte que la théorie vraie de la connaissance est le pur idéalisme. « Ce qui connaît tout et n'est connu de rien est le sujet : il est, comme tel, le support du monde (*der Trager der Welt*). A première vue, sans doute, il peut paraître certain que le monde objectif existerait réellement, même s'il n'existait aucun être connaissant. Mais si on essaie de réaliser cette pensée et qu'on cherche à imaginer un monde objectif sans sujet connaissant, il arrive que ce qu'on réalise est juste le contraire de ce qu'on a en vue ; ce monde imaginé existant dans le sujet même de la connaissance, dans ce sujet qu'on a voulu exclure. Le monde tel que nous le percevons est évidemment un phénomène cérébral (*ein Gehirnphaenomen*) ; par conséquent il y a une contradiction impliquée dans l'hypothèse que, comme tel, il puisse être indépendant de tous les cerveaux.

Cette dépendance où est l'objet par rapport au sujet, constitue l'idéalité du monde *comme représentation*.

Notre corps lui-même, en tant que nous le connaissons comme objet, c'est-à-dire comme étendu et agissant, n'est qu'un phénomène cérébral, qui n'existe que dans l'intuition de notre cerveau. L'existence de notre personne ou de notre corps, comme quelque chose d'étendu et d'agissant, suppose un sujet connaissant. Puisque son existence réelle est dans l'appréhension, dans la représentation, il n'a d'existence réelle que pour un sujet connaissant.

Au reste, pour bien comprendre l'existence purement phénoménale du monde extérieur, représentons-nous le monde sans aucun être animal, c'est-à-dire sans aucun être connaissant. Le monde, par suite, est sans perception. Qu'on s'imagine qu'il sorte du sol une grande quantité de plantes, très serrées les unes près des autres. Sur elles agissent la lumière, l'air, l'humidité, l'électricité, etc. Maintenant élevons par la pensée de plus en plus la propriété qu'ont les plantes d'être impressionnables à ces agents ; nous arrivons par degré à la sensation et finalement à la perception (car l'observation intérieure comme les données anatomiques nous conduisent à conclure que l'intelligence n'est qu'une disposition de plus en plus haute à recevoir les impressions du dehors). Aussitôt le monde apparaît, se représentant dans le temps, l'espace et la causalité. Mais en apparaissant il continue d'être purement et simplement le résultat de l'action des influences extérieures sur l'impressionnabilité des plantes [1].

Ce serait cependant mal comprendre cette doctrine que de croire qu'elle nie la réalité du monde au sens vulgaire du mot. « Le véritable idéalisme est non pas empirique, mais transcendantal. Il laisse intacte la réalité empirique du monde; mais il soutient que tout objet, même l'objet réel, empirique, est conditionné par le sujet de deux façons : 1° matériellement; ou comme

1. *Parerga und Paralipomena*, tome II, § 33.

objet en général, puisqu'un être objectif n'est pensable que par opposition avec un sujet dont il est la représentation ; 2° formellement ; puisque le mode d'existence de l'objet, c'est-à-dire de sa représentation (temps, espace, causalité) vient du sujet, est prédisposé dans le sujet. » Cet idéalisme procède, non de Berkeley, mais de l'analyse de Kant.

Schopenhauer a employé son talent d'écrivain à prendre et reprendre sous vingt formes la thèse de l'idéalisme et il l'a quelquefois exposée avec beaucoup d'originalité. Citons comme exemple un fragment que Lindner et Frauenstaedt nous ont conservé : « Deux choses étaient devant moi, deux corps, pesants, de formes régulières, beaux à voir[1]. L'un était un vase de jaspe avec une bordure et des anses d'or; l'autre, un corps organisé, un homme. Après les avoir longtemps admirés du dehors, je priai le génie qui m'accompagnait de me laisser pénétrer dans leur intérieur. Il me le permit, et dans le vase je ne trouvai rien, si ce n'est la pression de la pesanteur et je ne sais quelle obscure tendance réciproque entre ses parties, que j'ai entendu désigner sous le nom de cohésion et d'affinité ; mais quand je pénétrai dans l'autre objet, quelle surprise, et comment raconter ce que je vis ? Les contes de fées et les fables n'ont rien de plus incroyable. Au sein de cet objet ou plutôt dans la partie supérieure appelée la tête, et qui, vue du dehors, semblait un objet comme tous les autres, circonscrit dans l'espace, pesant, etc., je trouvai quoi? le monde lui-même, avec l'immensité de l'espace, dans lequel le Tout est contenu, et l'immensité du temps, dans lequel le Tout se meut, et avec la prodigieuse variété des choses qui remplissent l'espace et le temps, et, ce qui est presque insensé à dire, je m'y aperçus moi-même allant et venant...

« Oui, voilà ce que je découvris dans cet objet à peine

1. Traduit par M. Challemel-Lacour. Le texte est dans les *Memorabilien*, p. 285

aussi gros qu'un gros fruit, et que le bourreau peut faire tomber d'un seul coup, de manière à plonger du même coup dans la nuit le monde qui y est renfermé. Et ce monde n'existerait plus, si cette sorte d'objets ne pullulaient sans cesse, pareils à des champignons, pour recevoir le monde prêt à sombrer dans le néant, et se renvoyer entre eux, comme un ballon, cette grande image identique en tous, dont ils expriment cette identité par le mot d'objet... »

La conclusion à laquelle cet idéalisme aboutit et que Schopenhauer ne se lasse pas de répéter, c'est « que la matière est un mensonge vrai » ὕλη ἀληθινὸν ψεῦδος. La matière n'est autre chose que ce qui agit en général, et abstraction faite de tout mode d'action. Comme telle, la matière est l'objet non de l'intuition, mais de la pensée ; par suite, c'est une pure abstraction : et il faut louer Plotin et Jordano Bruno d'avoir soutenu cette thèse paradoxale, que la matière est incorporelle. L'étonnement que nous cause la variété des phénomènes de la matière est au fond comparable à celui du sauvage qui, pour la première fois, se voit dans un miroir et ne s'y reconnaît pas. Ainsi faisons-nous quand nous considérons le monde extérieur comme étranger à nous-même. La vérité c'est qu'il a sa source dans l'intelligence (faculté de la représentation), qu'il naît avec elle, dure avec elle, meurt avec elle. « La grande erreur de tous les systèmes consiste à avoir méconnu cette vérité : *que la matière et l'intelligence sont corrélatives*, c'est-à-dire que l'une n'existe que pour l'autre; que toutes deux s'élèvent et tombent en même temps ; que l'un ne fait que réfléchir l'autre ; qu'elles sont proprement une seule et même chose examinée de deux côtés opposés; » et cette chose, nous le verrons plus tard, c'est la volonté.

II

Il est très facile à chacun de connaître, par son expérience personnelle, que le monde, pour être un objet, a besoin d'un sujet qui le pense. Le sommeil profond, sans rêves, ne montre-t-il pas à chacun que le monde n'existe que pour une tête pensante? Que tout, dans la nature, dorme éternellement d'un profond sommeil et ne s'éveille jamais à la conscience, comme les plantes, et il ne sera plus question jamais d'un monde extérieur.

Mais, objectera-t-on, le monde, bien que je n'en aie pas conscience, bien que ma tête et les autres têtes ne le perçoivent pas, ne peut-il pas exister comme objet? ne peut-il pas exister en dehors et indépendamment de toutes les têtes, étendu dans le temps et l'espace et formé de la chaîne continue des effets et des causes? L'image qui se forme dans un miroir n'est possible que si un miroir existe; et si tous les miroirs étaient détruits il n'y aurait plus d'images. Mais s'ensuit-il que si vous détruisez les miroirs, les objets qui s'y réfléchissent disparaissent aussi?

Suivant Schopenhauer, la doctrine de l'idéalité du temps et de l'espace répond à cette difficulté. On connaît le travail de Kant sur les catégories, dans sa *Critique de la raison pure*. Il admet deux formes subjectives de la sensibilité : temps et espace; et douze concepts régulateurs de l'entendement. Le procédé par lequel il dérive ces douze catégories des douze formes du jugement est assez artificiel et ne s'explique guère que par un goût exagéré de la symétrie et de la régularité logique. Dans cette liste des catégories, il y a beaucoup de double emploi. Aussi Schopenhauer, tout en procédant de Kant, n'admet que trois formes fondamentales de la connaissance : *temps, espace, causalité*. Je crois que sur ce point toutes les écoles philosophiques actuelles, idéalistes et matérialistes, spiritualistes et positives, sont à peu près d'accord. Ce sont là les idées-maîtresses dont il faut avant tout déterminer la valeur. Or, le temps et l'espace étant le réceptacle de tous les phénomènes; la scène, — sans réalité d'ailleurs, — où se déroule la causalité; si leur idéalité est établie, celle du monde l'est du même coup.

Schopenhauer trouve que l'idéalité du *temps* est établie par une loi de la mécanique, *la loi d'inertie*. « Car, au fond, que dit cette loi? que le temps ne peut tout seul produire aucune action physique ; que seul et en lui-même, il ne change rien au repos ni au mouvement d'un corps. S'il était inhérent aux choses elles-mêmes à titre de propriété ou d'accident, il faudrait que sa quantité (c'est-à-dire sa longueur ou sa brièveté) pût changer les choses en une certaine mesure. Il n'en est rien; le temps passe sur les choses sans y laisser la moindre trace. Car ce qui agit ce sont seulement les causes qui se déroulent dans le temps, nullement le temps lui-même. Aussi, quand un corps est soustrait aux influences chimiques, — par exemple, le mammouth dans les glaciers de la Léna, les moucherons dans l'ambre, un métal dans un air bien sec, les antiquités égyptiennes et même les chevelures des momies dans leurs nécropoles fermées, — des milliers d'années ne le changent en rien. Cette inactivité absolue du temps est aussi ce qui constitue en mécanique la loi d'inertie. Un corps a-t-il une fois reçu un mouvement, aucun temps ne peut le lui enlever ni le diminuer; il serait absolument sans fin, sans la réaction des causes physiques; de même qu'un corps en repos resterait éternellement en repos, si les causes physiques ne le mettaient en mouvement. D'où il suit que le temps n'est pas quelque chose qui soit en contact avec le corps, que tous deux sont de nature hétérogène; que cette réalité qui appartient au corps ne doit pas être ajoutée au temps, qui est absolument idéal, c'est-à-dire appartient à la pure représentation et à son organe; tandis qu'au contraire, les corps par les nombreuses diversités de leurs qualités et de leurs actions montrent clairement qu'ils n'ont pas une existence purement idéale ; mais ils manifestent une réalité objective, une chose en soi, si différente qu'elle puisse être de ses manifestations. »

En ce qui touche l'idéalité de l'espace, Schopenhauer dit : « La preuve la plus claire et la plus simple de l'idéalité de l'espace, c'est que nous ne pouvons pas enlever l'espace de notre pensée, comme toute autre chose. Nous pouvons concevoir l'espace comme n'ayant plus rien qui le remplisse, supposer que tout, tout, absolument tout a disparu de l'espace, nous représenter l'espace entre les étoiles fixes comme complètement vide, etc. Mais *l'espace lui-même*, nous ne pouvons en aucune façon nous en débarrasser : quoique nous fassions, où que nous nous placions, il est là, n'ayant de fin nulle part ; car il est la base et la condition première de nos représentations. Cela prouve sûrement qu'il appartient à notre intelligence, qu'il en est une partie intégrante, qu'il est la trame de ce tissu sur lequel la diversité du monde extérieur vient s'appliquer. Dès qu'un objet est représenté pour moi, l'espace l'est aussi ; il accompagne tous les mouvements, tous les tours et détours de mon intelligence aussi fidèlement que les lunettes qui sont sur mon nez accompagnent tous les mouvements, tous les tours et détours de ma personne, ou comme l'ombre accompagne le corps. Si je remarque qu'une chose m'accompagne partout et dans toutes les conditions, j'en conclus qu'elle dépend de moi : par exemple, si partout où je vais, il se trouve une odeur particulière à laquelle je ne puis échapper. Il en est de même pour l'espace : quoi que je pense, quelque monde que je puisse me représenter, l'espace se présente tout d'abord et ne cède en rien la place. Il faut donc qu'il soit une fonction, une fonction fondamentale de mon intelligence ; par suite son idéalité s'étend à tout ce qui a de l'extension, c'est-à-dire à tout ce qui est représentable. Par suite nous connaissons les choses, non telles qu'elles sont en elles-mêmes; mais telles qu'elles apparaissent[1]. »

On a dû reconnaître dans ce qui précède le disciple et le continuateur de Kant. Mais ce qui est curieux à noter c'est que Schopenhauer fait subir aux doctrines de son maître une transformation physiologique : il identifie volontiers les *formes* de l'intelligence et la constitution du cerveau. « La philosophie de Locke, dit-il justement, est la critique des fonctions sensorielles. La philosophie de Kant est la critique des fonctions cérébrales. » Et ailleurs : « Les sens ne donnent que des sensations, mais pas d'intuitions (connaissance). Ce que donnent les sens tout seuls est à ce que donnent les fonctions de cerveau (temps, espace, causalité) ce que la masse des nerfs sensoriels est à la masse du cerveau. » Cette transformation était d'ailleurs toute naturelle et il est probable que si Kant eût vécu un demi-siècle plus tard, en plein développement des sciences biologiques, il l'eût opérée lui-même.

Toutefois le temps et l'espace ne sont que les formes de l'existence phénoménale, des cadres vides; il faut quelque chose qui les remplisse : c'est la causalité. Causalité, matière, action, sont pour Schopenhauer des termes synonymes. « La matière n'est d'un bout jusqu'à l'autre que causalité. Son être, c'est agir; et il est impossible d'en penser aucun autre. C'est comme agissant qu'elle remplit l'espace et le temps[2]. »

L'une des fonctions essentielles de la causalité, c'est d'unir l'espace et le temps. Chacun d'eux a des propriétés qui s'excluent; mais la causalité les réconcilie. Elle rend l'accord possible entre le flux instable du temps et persistance immuable de l'espace. Dans le temps pur, il n'y a pas de coexistence; dans l'espace pur, il n'y a ni avant, ni maintenant, ni après. Mais dans l'exis-

1. *Parerga und Paralip.*, tome II, § 29 et 30.

2. Denn diese ist durch und durch nichts als Causalität : Ihr Seyn nämlich ist ihr Wirken, u. s. w. *Die Welt als Wille*, tome I, liv. I, § 4.

tence réelle, qu'y a-t-il essentiellement? Il y a la simultanéité (*das zugleichseyn*) de plusieurs états. C'est par elle seule que la durée est possible; puisqu'elle n'est connaissable qu'autant qu'il y a là quelque chose qui change tout en durant. Ce que nous appelons le changement consiste en ce que quelque chose dure au milieu de ce qui change; que la qualité et la forme variant, la substance, c'est-à-dire la matière, reste stable. Dans le pur espace, le monde serait fixe et immobile; nulle succession, nul changement, nulle action; mais avec l'action, la représentation de la matière disparaît. — Dans le temps pur, tout serait un flux perpétuel; nulle stabilité, nulle coexistence, nulle simultanéité, donc nulle durée: par suite nulle matière. — De l'union de l'espace et du temps résulte la matière, c'est-à-dire la possibilité de la simultanéité, de la durée, par suite de la permanence de la substance, au milieu des changements d'état. »

« Le corrélatif subjectif de la matière ou de la causalité qui sont toutes deux une seule et même chose, c'est l'entendement (*Verstand*); il n'est rien de plus. Connaître la causalité est son unique fonction. Réciproquement toute causalité, toute matière, toute réalité n'est que pour l'entendement, par l'entendement, dans l'entendement. » Ceci nous conduit de la métaphysique à la psychologie.

III

La psychologie de Schopenhauer est nettement empirique. Elle révèle le lecteur assidu de Locke, de Hume, de Priestley et des sensualistes français de la fin du XVIIIe siècle. Il y montre un goût bien déterminé pour le concret. Le particulier, l'individuel, le fait, voilà pour lui ce qui est positif; c'est la terre ferme dont il faut toujours sentir l'appui ou s'éloigner le moins possible. Ramenez toujours l'abstrait au concret, les concepts aux intuitions : ceux-là ne valent que par celles-ci. Il a écrit *sur le rapport de la connaissance intuitive à la connaissance abstraite*, un chapitre que nous recommandons au lecteur : « Puisque les concepts empruntent leur matière à la connaissance intuitive, et puisque tout l'édifice du monde de la pensée repose sur le monde des intuitions ; nous devons toujours pouvoir revenir par des intermédiaires, du concept aux intuitions d'où il est tiré ; sans quoi nous n'avons que des mots en tête. » La connaissance intuitive étant la première de toutes, la seule réelle, il faut, avant tout, voir et sentir par soi-même. Dans beaucoup de livres, l'auteur parle de choses qu'il a *pensées*, mais qu'il n'a pas *senties* et *perçues ;* il écrit par réflexion, non par intuition : c'est ce qui rend son œuvre médiocre et ennuyeuse. Quand on ne parle que de ce qu'on a *lu*, on ne se fait pas lire[1].

Et cela est vrai aussi des savants qui ne possèdent souvent qu'une science morte, une science qu'ils connaissent, mais qu'ils ne comprennent pas, qui ne fait pas partie d'eux-mêmes, parce que l'expérience et l'intuition ne l'ont pas rendue vivante pour l'individu. Pour la philosophie de même : sa matière, c'est la conscience empirique (conscience de nous-même ou du monde extérieur). C'est là la seule donnée immédiate et réelle. Toute philosophie qui, au lieu de partir de là, part de concepts abstraits, comme l'absolu, la substance, Dieu, l'infini, l'être, l'essence, l'identité, etc., etc., se perd dans le vide et passe son temps à tourmenter des abstractions creuses, comme le font les Alexandrins quand ils dissertent sur l'un, le multiple, le bien, le meilleur, le parfait ; ou comme l'école de Schelling avec son identité, sa diversité, son indifférence, etc. « La sagesse et le génie, ces deux cimes du « Parnasse de la connaissance humaine, ont leur racine « non dans les facultés abstraites et discursives, mais « dans les facultés intuitives. La sagesse véritable est

1. *For ever reading, never to be read* (Pope).

« chose intuitive, non abstraite. Elle ne consiste pas en « principes et maximes qu'on se met dans la tête comme « résultat de ses propres recherches ou de celles d'un « autre; mais c'est la manière même dont on se repré- « sente le monde. Et cette manière est si différente de « toute autre que le sage vit dans un autre monde que le « fou et que le génie voit un autre monde que les esprits « vulgaires. » Entre l'intuition du monde telle qu'elle existe dans le cerveau de Shakespeare et celui du premier venu, il y a toute la différence qui sépare « un excellent tableau à l'huile d'une peinture chinoise, sans ombre ni perspective. » — Dans la vie pratique, la connaissance intuitive a aussi l'avantage dans tous les cas où le temps manque pour la réflexion : de là vient la supériorité des femmes pour la conduite journalière de la vie. Toute connaissance abstraite ne peut donner que des règles générales qui ne suffisent à aucun cas particulier : aussi, comme le dit Vauvenargues : « Personne n'est sujet à plus de fautes que ceux qui n'agissent que par réflexion [1]. »

Schopenhauer distingue donc nos représentations en deux grandes classes : les unes étant *intuitives*, les autres *abstraites*. Cette dernière classe constitue les *concepts*, qui appartiennent à l'homme seul : c'est l'aptitude à les former qu'on appelle la *raison* (*Vernunft*). Pour Schopenhauer la raison n'est donc nullement une faculté mystique de l'infini, de l'absolu, du nécessaire ; elle est simplement la faculté de former des notions abstraites, ou, comme il dit encore, elle est la *réflexion*. Il se rencontre ici avec Locke. La raison ne peut qu'élaborer les intuitions, les ramener à une forme plus simple, mais sans en changer la nature. Le langage est intimement lié à la raison.

Ainsi au plus bas degré la sensibilité (*Sinnlichkeit*) et l'entendement (*Verstand*), c'est-à-dire la connaissance

1. *Die Welt als Wille u. Vorstel.*, tome II, ch. VII.

de la causalité. — Au dessus la raison (*Vernunft*) justement appelée la réflexion; parce qu'elle est un *reflet* de la connaissance intuitive. L'entendement n'a qu'une fonction : la connaissance immédiate du rapport de cause à effet. La raison n'a qu'une fonction : la formation des concepts. L'entendement est le même chez tous les animaux et tous les hommes, puisqu'il n'a qu'une fonction unique. Seulement le degré d'étendue de sa sphère est extrêmement variable; il va du plus haut au plus bas. — La raison, elle, « est de nature féminine; elle ne peut donner qu'après avoir reçu. Par elle-même, elle n'a rien que les formes vides de son activité. »

De la raison naissent le savoir (*Wissen*) et la science (*Wissenchaft*) qui en est le plus haut degré. Le rapport du savoir (c'est-à-dire de la connaissance abstraite) à la science est le rapport du fragment au tout. Schopenhauer — avec beaucoup de raison, selon nous — n'admet de science que là où il y a subordination des vérités inférieures; comme dans les mathématiques, la physique, la chimie. « Aussi l'histoire est-elle un savoir et non pas une science. »

Les analogies de la psychologie anglaise avec celle de Schopenhauer se complètent par sa théorie de l'association des idées. Il est bien douteux, il est même invraisemblable qu'il ait eu connaissance des travaux récents publiés en Angleterre sur cette question; du moins, on n'en trouve nulle part la trace. Il ne faudrait pas croire non plus qu'il donne à cette loi d'association l'influence prépondérante qu'on lui a attribuée dans ces dernières années. Il n'en reste pas moins vrai qu'il a parfaitement vu l'importance de cette loi et qu'il l'a même identifiée avec la loi de causalité, c'est-à-dire qu'il l'a réduite au mécanisme pur et simple.

« La présence des représentations et des pensées dans notre conscience est aussi rigoureusement soumise au principe de raison suffisante sous ses diverses formes que le mouvement des corps l'est à la loi de la causalité. Il n'est pas plus possible à une pensée d'entrer dans la conscience sans occasion, qu'à un corps de se mettre en mouvement sans cause. Cette occasion est ou *externe*, comme une impression sensorielle, ou *interne* comme une pensée qui en amène une autre, en vertu de l'association : par ressemblance, ou simultanéité ou rapport de principe à conséquence. La loi d'association n'est donc rien autre chose que le principe de raison suffisante appliqué au cours subjectif de la pensée. »

Mais la loi subjective d'association comme la loi objective de la causalité sont soumises l'une et l'autre à la direction supérieure de la volonté « qui force l'intelligence, sa servante, à lier pensée à pensée, afin de pouvoir s'orienter le mieux possible dans tous les cas[1]. » Nous verrons dans le chapitre suivant sur quelles raisons Schopenhauer s'appuie pour établir cette supériorité de la volonté. Ici nous nous bornerons à dire quel procès il intente à l'intelligence et quelles imperfections il lui reproche[2].

Partout, il traite l'intelligence en ennemie qu'il faut punir d'avoir usurpé le premier rang. Un de ses premiers défauts c'est d'être *successive*. Notre conscience a pour forme non l'espace, mais le temps seul. Par suite notre pensée n'a pas trois dimensions, comme notre intuition; mais une seule, comme une ligne sans largeur ni profondeur. Nous ne pouvons donc rien connaître que successivement, parce que nous ne pouvons avoir conscience que d'une chose à la fois. Notre intelligence est comme un télescope qui n'a qu'un champ de vision très étroit. La conscience est un flux perpétuel, sans rien de stable.

De là une autre imperfection de l'intelligence, *son caractère fragmentaire* et l'éparpillement de notre

1. *Die Welt als Wille*, tome II, ch. 14.
2. *Ibidem*, tome II, ch 15

pensée. Tantôt ce sont des sensations qui viennent du dehors, tantôt des associations qui viennent du dedans; notre pensée est comme une lanterne magique au foyer de laquelle il ne peut se former qu'une image; mais qui, fût-elle la plus belle, doit céder la place aux plus communes, aux plus hétérogènes. En vain prétendra-t-on avec Kant qu'il y a « une unité synthétique de l'aperception », un « moi » qui met de l'unité dans tout cela. Ce principe unifiant est lui-même inconnu, c'est un gros mystère; et qu'est-il au fond? la volonté.

La nécessité pour la pensée d'être réduite à une seule dimension cause l'*oubli*. Dans la tête la plus savante, tout savoir n'est que virtuellement; il ne peut passer de la puissance à l'acte que sous la condition du temps, de la succession. La connaissance la plus complète et la plus sûre, c'est l'intuition. Mais elle est limitée à l'individu et les intuitions ne peuvent se fondre en un concept que par la suppression des différences, c'est-à-dire par un oubli.

Ajoutez à cela que l'intelligence vieillit avec le cerveau; que, comme toutes les fonctions physiologiques, elle perd son énergie avec l'âge.

Puis à ces imperfections essentielles s'en joignent d'autres non essentielles, importantes pourtant. Il est difficile que l'intelligence soit à la fois très vive et très solide, qu'on ait l'intuition du génie et la méthode du logicien. Il y a des qualités qui s'excluent d'ordinaire. On ne peut être à la fois Platon et Aristote, Shakespeare et Newton, Gœthe et Kant.

L'intelligence en somme n'a, comme nous le verrons, qu'une fin : la conservation de l'individu. Le reste est de luxe. « Le génie est aussi utile dans la vie pratique, qu'un télescope dans un théâtre. » Aussi la nature le dispense-t-elle d'une façon aristocratique. Les différences d'intelligence sont assurément plus grandes que celles de la naissance, du rang, de la richesse, de la caste; mais ici comme dans toutes les aristocraties, il naît mille plébéiens pour un noble, un million pour un prince; le plus grand nombre forme « la canaille. » Et comme l'intelligence est un principe de séparation, de différence, le génie se sent isolé. Suivant le mot que Byron prête à Dante, vivre pour lui, c'est

Se sentir dans la même solitude que les rois,
Sans avoir cette puissance qui leur permet de porter une couronne[1].

Telles sont les vues les plus importantes de Schopenhauer sur la théorie de l'intelligence. Le reste se trouve partout ailleurs. Son idéalisme lui-même n'est qu'un kantisme modifié. Sa véritable originalité nous ne la connaissons pas encore, mais nous allons la trouver.

CHAPITRE IV

LA VOLONTÉ

THÉORIE DE LA NATURE

I

Jusqu'ici nous n'avons saisi que des apparences. Mais il serait contradictoire qu'il n'y eût dans le monde que du paraître; il faut qu'il y ait de l'être. Il s'agit donc maintenant de passer du phénomène à la réalité, de l'intelligence à la volonté, du dehors au dedans. Comment y arriver?

Disserter sur la méthode serait oiseux, si on ne l'appliquait en même temps. « Ce serait commencer par

1. To feel me in the solitude of Kings,
Without the power that makes them bear a crown. (*Proph. of Dante*, c. I.)

jouer une valse, pour la danser ensuite. » La vraie méthode ne fait qu'un avec l'objet de sa recherche; les deux sont inséparables, comme la matière et la forme. Cette méthode vivante et en action, où la trouverons-nous? — Les mathématiques ne nous la donneront pas; car elles n'ont pour objet que des concepts abstraits, représentés par des signes abstraits, vides de toute intuition immédiate; la métaphysique au contraire n'a pas à s'occuper seulement des formes de l'intuition; mais de leur contenu réel et empirique. — La méthode des sciences naturelles, que Schopenhauer appelle *morphologie* ou description des formes, serait aussi stérile. A la vérité, elle a un objet réel; elle saisit des analogies ou des ressemblances; mais elle ne voit toutes les choses que par le dehors. Comment donc pénétrer par elle dans la nature intime de l'être? — La méthode des sciences physiques, l'*étiologie* ou recherche des causes, sera-t-elle apte à résoudre l'énigme de la nature? Nullement. Cette méthode donne deux choses : des forces et des lois. Elle ne nous apprend rien sur les forces dites naturelles. Quant aux lois, elle les détermine dans l'espace et le temps, sans savoir rien de plus. Ainsi procèdent la physique, la chimie, la physiologie. L'étiologie même la plus parfaite ne serait pour nous qu'une série d'hiéroglyphes, puisqu'elle ne pourrait nous apprendre ni ce qu'est une cause, ni ce qu'est une force, ni ce qu'est une loi. « Pour employer une comparaison plaisante, mais frappante, l'étiologie complète de la nature mettrait le philosophe dans le même embarras qu'un homme qui serait entré dans une société, sans savoir comment; qui verrait chaque membre de cette société, à tour de rôle, lui en présenter un autre, comme un ami ou un cousin, et qui, à chaque présentation nouvelle, aurait toujours ce mot sur les lèvres : comment diable suis-je entré dans cette société?[1] »

1. *Die Welt als Wille*, u. s. w., tome II, § 17.

Les savants croient que quand ils ont tout réduit au mouvement, tout est clair. Un homme comprend-il mieux pourtant le roulement d'une bille après le choc reçu, que son propre mouvement après un motif perçu ? Beaucoup peuvent se l'imaginer : c'est tout le contraire. A la réflexion, on verra que, dans les deux cas, l'essentiel est identique. Schopenhauer avait sur ce point un *argumentum ad oculos*. Frauenstaedt raconte qu'un soir qu'ils buvaient ensemble un verre de vin à l'*Hôtel d'Angleterre*, au moment où il étendait le bras pour prendre son verre, Schopenhauer l'arrêta brusquement et lui fit remarquer que cet acte volontaire ne diffère pas essentiellement d'un choc mécanique quelconque produit par une force aveugle ; dans les deux cas il n'y a que les causes occasionnelles qui diffèrent : dans l'un, un motif, le verre de vin perçu ; dans l'autre une cause mécanique : mais toujours la même nécessité[1].

Toutes ces méthodes ont un défaut commun : elles sont *extérieures*. « Nous voyons donc que *du dehors*, on ne pourra jamais parvenir jusqu'à l'essence des choses ; si longtemps qu'on cherche, on n'y gagnera rien, que des images et des mots : c'est ressembler à un homme qui tourne autour d'un château, cherchant vainement une entrée et qui, en attendant, esquisse la façade. Telle est cependant la route que tous les philosophes ont suivie avant moi[2]. » Quelle est donc cette méthode *intérieure* qui nous conduira jusqu'au principe des choses, jusqu'à la Volonté ? La voici.

Si l'homme n'était qu'un être pensant, « une tête d'ange ailée et sans corps, » un pur sujet de la connaissance, le monde qui l'entoure ne lui apparaîtrait que comme une représentation. « Mais il a sa racine dans « ce monde, il s'y trouve comme *individu*, c'est-à-dire « que sa connaissance qui est le support du monde

1. Frauenstaedt, *Briefe über die Schopenhauer'sche, Philosophie*, p. 153.
2. *Die Welt als Wille*, ibid.

« comme représentation, dépend d'un corps dont les « affections sont le point de départ de nos intuitions « du monde. Ce corps est, pour le sujet purement pen- « sant, une représentation parmi d'autres représenta- « tions, un objet parmi d'autres objets : les mouve- « ments et les actions de ce corps ne sont connus du « sujet purement pensant, que comme les change- « ments de tous les autres objets sensibles ; et ils lui « seraient aussi étrangers, aussi incompréhensibles, si « leur signification ne lui était révélée d'une autre « manière. Il verrait ses actes suivre les motifs, avec « la constance d'une loi naturelle, comme le font les « autres objets qui obéissent à des causes de diverses « espèces. Il ne comprendrait pas plus l'influence des « motifs que le lien de tout autre effet avec sa cause. « Il pourrait à son gré, nommer force, qualité ou ca- « ractère, l'intime et incompréhensible essence de ses « actes ; mais il n'en saurait pas plus long. Il n'en est « pas ainsi : il y a un mot qui explique l'énigme du sujet « de la connaissance : ce mot c'est *Volonté*. Ce mot, « et ce mot seul lui donne la clef de lui-même comme « phénomène, lui en révèle le sens, lui montre le res- « sort intérieur de son être, de ses actes, de ses mou- « vements. Au sujet de la connaissance qui, par son « identité avec le corps, existe comme individu, ce « corps est donné de deux façons différentes : comme « représentation ou intuition, comme objet parmi des « objets et soumis comme tel aux lois objectives ; — en « même temps, il est *ce que chacun connaît immédia- « tement;* ce qu'exprime ce mot *volonté*. Tout acte vé- « ritable de la volonté est immanquablement aussi un « mouvement de son corps ; il ne peut vouloir l'acte « réellement, sans percevoir en même temps qu'il se « manifeste comme mouvement du corps. L'acte vo- « lontaire et l'action du corps ne sont pas deux états, « différents objectivement, et reliés par le lien de la cau- « salité . il n'y a pas entre eux un rapport de cause à

« effet : ils sont une seule et même chose, donnée seu-
« lement de deux manières totalement différentes,
« d'une part immédiatement, d'autre part dans l'intui-
« tion intellectuelle. L'action du corps n'est autre chose
« que l'acte de la Volonté objectivé, c'est-à-dire mani-
« festé dans l'intuition... Ce n'est que pour la réflexion
« que faire et vouloir diffèrent ; en réalité ils sont un[1]. »
Pour conclure, le fond de notre être, *c'est la volonté ;* sa manifestation immédiate, *c'est le corps.*

Telle est cette méthode intérieure, immédiate, hérente à la réalité : la seule vraie d'après Schopenhauer. La seule connaissance immédiate que nous ayons est celle de notre Volonté. C'est le *datum* qui peut nous servir de clef pour tout le reste ; la seule porte étroite que nous ayons pour arriver à la vérité. « Par suite nous devons chercher à comprendre la nature d'après nous-mêmes et non pas nous-mêmes d'après la nature. » Nous verrons plus loin comment Schopenhauer retrouve partout une Volonté identique à elle-même, dans tous ses degrés et chez tous les êtres. Notons seulement ici que c'est la connaissance immédiate que nous en trouvons en nous-même qui, seule, nous fait comprendre le reste de la nature et nous conduit à l'essence de l'être, c'est-à-dire à la chose en soi. Car le monde dépend de ma représentation qui dépend de mon corps ; mon corps au contraire dépend de la volonté qui ne dépend de rien.

Il y a un point de la plus haute importance sur lequel nous devons insister d'abord, sans quoi le lecteur serait exposé à comprendre tout ce qui suit à contre-sens. Schopenhauer prend le mot *Volonté* dans un sens qui lui est propre et qu'on peut traduire sans trop d'inexactitude par le mot *force*. On entend d'ordinaire par Volonté l'acte conscient d'un être intelligent ; tandis que pour Schopenhauer la Volonté est inconsciente par

1. *Die Welt als Wille*, I, livre II, § 18.

essence, consciente par accident. Il distingue soigneusement la Volonté prise en général (*Wille*) et la Volonté déterminée par des motifs (*Willkur*)[1]. « J'ai choisi, dit-il, ce mot Volonté faute de mieux, comme *denominatio a potiori,* en donnant au concept de Volonté une extension plus grande que celle qu'il avait eue jusqu'ici... On n'avait pas reconnu jusqu'à ce jour l'identité essentielle de la Volonté avec toutes les forces qui agissent dans la nature, et dont les manifestations variées appartiennent à des espèces dont la Volonté est le genre. On avait considéré tous ces faits comme hétérogènes. Par suite il ne pouvait exister aucun mot pour exprimer ce concept. J'ai donc dénommé le genre d'après l'espèce la plus élevée, d'après celle dont nous avons la connaissance immédiate en nous, laquelle nous conduit à la connaissance médiate des autres. »

La Volonté, dans ce sens très général, se rapprochant du concept de force, on peut se demander pourquoi Schopenhauer n'a pas choisi ce dernier. Il répond en ces termes : « Jusqu'ici on a ramené le concept de *Volonté* au concept de *force ;* je fais le contraire et je considère toute force naturelle comme une Volonté : qu'on ne croie pas que c'est là une vaine dispute de mots : c'est un point qui est au contraire de la plus haute importance, car le concept *force* a pour base, comme tous les autres, la connaissance intuitive du monde objectif; c'est-à-dire le phénomène, la représentation, et c'est de là qu'il vient. Il est abstrait du domaine où règnent les effets et les causes. Il représente ce qu'il y a d'essentiel dans la cause; ce point où l'explication étiologique s'arrête, ne pouvant plus rien éclairer. — Au contraire, le concept de *Volonté* est le seul, entre tous, qui n'a pas sa source dans le phénomène ni dans la pure représentation intuitive; mais qui vient du dedans, qui sort de la conscience de chacun; dans lequel chacun

1. *Ueber den Willen in der Natur*, 3e édition, p. 10-24.

reconnaît son propre individu, immédiatement, sans forme aucune, même celle de sujet et d'objet; car là ce qui connaît et ce qui est connu coïncident. Si donc nous ramenons la notion de force à celle de vouloir, nous ramenons l'inconnu à une chose beaucoup plus connue, à la seule chose immédiatement connue, ce qui étend beaucoup notre connaissance. Ramenons-nous au contraire, comme on l'a fait jusqu'ici, le concept de *Volonté* à celui de *force*, nous abandonnons l'unique connaissance immédiate que nous ayons du monde; nous la laissons se perdre dans un concept abstrait tiré des phénomènes, et avec lequel nous ne pourrons jamais les dépasser[1]. »

II

Puisque la volonté est au cœur de nous-mêmes et de toute chose, il faut la placer au premier rang. Il lui est dû; quoique, depuis Anaxagore, l'intelligence l'ait usurpé. Dans le volume qui complète son grand ouvrage, Schopenhauer a écrit un chapitre intéressant sur « le Primat de la Volonté »[2] et sur l'infériorité du principe pensant, considéré comme un simple « phénomène cérébral ». A rigoureusement parler, l'intelligence n'est même qu'un phénomène *tertiaire*. La première place appartient à la Volonté; la seconde à l'organisme qui en est l'objectivation immédiate; la troisième à la pensée qui est une « fonction du cerveau » et par conséquent de l'organisme. « On peut dire par conséquent : l'intelligence est le phénomène secondaire, l'organisme, le phénomène primaire; la Volonté est métaphysique, l'Intelligence est physique; l'Intelligence est l'apparence, la Volonté est la chose en soi; et dans un

1. *Die Welt*, tome II, ch. 19
2. *Die Welt*, u. s. w. I, liv. II, § 21.

sens de plus en plus métaphorique : la Volonté est la substance de l'homme, l'Intelligence est l'accident; la Volonté est la matière, l'Intelligence la forme; la Volonté est la chaleur; l'Intelligence est la lumière. » Ceci s'établit par les faits suivants :

1° Toute connaissance suppose un sujet et un objet; mais l'objet est l'élément primitif et essentiel; il est le prototype dont le sujet est l'ectype. Scrutons notre connaissance, et nous verrons que ce qu'il y a de plus généralement connu en nous, c'est la volonté avec ses affections : s'efforcer, désirer, fuir, espérer, craindre, aimer, haïr, en un mot, tout ce qui a rapport à notre bien ou à notre mal, tout ce qui est une modification du vouloir ou du non-vouloir. Même dans la conscience, la Volonté est donc l'élément primitif et essentiel.

2° La base de la conscience dans tout animal, c'est le *désir*. Ce fait fondamental se traduit par la tendance à conserver sa vie, son bien-être, et à se reproduire. Cette tendance contrariée ou satisfaite produit la joie, la colère, la crainte, la haine, l'amour, l'égoïsme, etc. Ce fond est commun au polype et à l'homme. Les différences entre les animaux viennent d'une différence dans le connaître. La Volonté est donc le fait primitif et essentiel, l'Intelligence le fait secondaire et accidentel.

3° Si nous parcourons la série animale, nous verrons qu'à mesure qu'on descend, l'Intelligence devient de plus en plus faible et imparfaite; qu'aucune dégradation pareille n'a lieu dans la Volonté. Dans le plus petit insecte la Volonté est tout entière : il veut ce qu'il veut aussi pleinement que l'homme. La Volonté est partout identique à elle-même; sa fonction est de la plus grande simplicité : vouloir ou ne pas vouloir.

4° L'intelligence se fatigue; la Volonté est infatigable. L'intelligence étant secondaire et physique est soumise comme telle à la *force d'inertie*, ce qui explique pourquoi le travail intellectuel demande des moments de repos et pourquoi l'âge amène des dégénérescences du cerveau, par suite la folie ou la démence sénile. Quand on voit des hommes comme Swift, Kant, Walter Scott, Southey, Wordsworth et tant d'autres tomber en enfance ou en état de faiblesse intellectuelle, comment nier que l'intelligence est un pur organe, une fonction du corps; tandis que le corps est la fonction de la Volonté ?

5° L'Intelligence joue si bien un rôle secondaire qu'elle ne peut bien remplir sa fonction qu'autant que la Volonté se tait et n'intervient pas; cette remarque à été faite depuis longtemps : la passion est l'ennemie déclarée de la prudence. « L'œil de l'entendement humain, dit justement Bacon, n'est point un œil sec; mais un œil humecté par les passions et la Volonté : l'homme croit toujours ce qu'il préfère. »

6° Au contraire les fonctions de l'intelligence sont augmentées par les excitations de la volonté, quand toutes deux agissent dans le même sens. C'est encore une remarque vulgaire. « La nécessité est mère des arts. » « *Facit indignatio versum*, » etc. Même chez les animaux, des faits cités par tous ceux qui les ont étudiés, montrent que, quand la Volonté commande, l'Intelligence obéit. Mais la réciproque n'est pas vraie. L'Intelligence s'éclipse devant la Volonté, comme la lune devant le soleil.

7° Si la volonté dérivait de l'intelligence, comme on l'admet généralement, là où il y a beaucoup de connaissance et de raison, il devrait y avoir beaucoup de volonté. Mais il n'en est pas toujours ainsi. L'expérience de tous les temps le montre. L'intelligence est l'instrument de la volonté, comme le marteau est celui du forgeron.

8° Considérons, d'une part, les qualités et les défauts de l'intelligence; d'autre part, ceux de la volonté : l'histoire et l'expérience nous apprennent qu'ils sont complétement indépendants les uns des autres. Parmi les exemples qui viennent en foule, nous n'en rappellerons qu'un : François Bacon, de Vérulam. On a toujours regardé les dons de l'esprit comme un présent de la nature ou des dieux. Les qualités morales sont considérées comme innées, comme vraiment intérieures et personnelles. Aussi toutes les religions ont promis les récompenses éternelles, non aux vertus de l'esprit qui sont extérieures et accidentelles, mais aux vertus du caractère qui sont l'homme même. Et les amitiés durables sont beaucoup plutôt celles qui reposent sur l'accord des volontés que celles qui ont pour fondement l'analogie des intelligences. De là la puissance de l'esprit de parti, de secte, de faction, etc.

9° Rappelons encore la différence que tout le monde fait entre le *cœur* et la *tête*. Le cœur, ce *primum mobile* de la vie animale, est pris avec raison pour synonyme de la volonté. La langue emploie *cœur* partout où il y a volonté ; *tête* partout où il y a connaissance[1]. On embaume le cœur des héros, non leur cerveau ; on conserve le crâne des poètes et des philosophes.

10° Sur quoi repose l'identité de la personne ? ce n'est pas sur la matière du corps qui change en peu d'années ; ni sur la forme qui change en totalité et dans toutes ses parties ; ni sur la conscience, car elle repose sur la mémoire et l'âge, les maladies physiques et mentales la détruisent. Elle ne peut donc reposer que sur l'identité de la volonté et l'immortalité du caractère. « L'homme est enfoncé dans le cœur, non dans la tête. »

11° La volonté de vivre, avec l'horreur de la mort qui en résulte, est un fait antérieur à toute intelligence et indépendant d'elle.

12° Ce qui montre clairement la nature secondaire et dépendante de l'Intelligence, c'est son caractère d'inter-

1. Telles sont les expressions : bon cœur, mauvais cœur, avoir à cœur, être tout cœur à une chose — forte tête, pauvre tête, perdre la tête, etc.

mittence, de périodicité. Dans le sommeil profond, toute connaissance cesse. Seul, le cœur de notre être, le principe métaphysique, le *primum mobile* ne s'arrête pas, sans quoi la vie cesserait. Tandis que le cerveau se repose et avec lui l'intelligence, les fonctions organiques continuent toujours leur œuvre. Le cerveau, dont l'office propre est de connaître, est une sentinelle placée dans la tête, par la volonté, pour surveiller le monde extérieur par la fenêtre des sens : de là son état d'effort et de tension continuels ; de là la nécessité de la relever de son poste.

Nous avons dit que Schopenhauer se comparait à Lavoisier et qu'il prétendait que la séparation, dans l'âme, de deux éléments (intelligence, volonté), est pour la métaphysique ce que la séparation de deux éléments dans l'eau est pour la chimie [1].

Il tenait beaucoup à l'originalité de sa découverte et il affirme qu'on la chercherait vainement avant lui dans la philosophie. Il n'a trouvé que quelques remarques de Spinoza (*Éthique,* III, prop. 9, 57) et ce curieux texte des *Stromates* de saint Clément d'Alexandrie : « Les facultés rationnelles sont, de leur nature, soumises à la volonté, » (αἱ γάρ λόγικαι δυνάμεις τοῦ βούλεσθαι διακόνοι πεφύκασι.) « Mais c'est l'envie seule qui nous fait trouver dans les anciens toutes les découvertes modernes. Une phrase vide de sens ou du moins inintelligible avant ces découvertes suffit pour faire crier au plagiat [2]. » Cette opposition entre la volonté et l'intelligence avait été cependant déjà exprimée, sous une forme physiologique, par un homme pour lequel Schopenhauer professe une profonde admiration, par Bichat. Il ne permettait pas à ses disciples de parler de physiologie ni de psychologie, avant de se l'être assimilé, ainsi que Cabanis ; et il considérait sa philosophie comme la traduction métaphysique de la physiolo-

1. *Ueber den Willen in der Natur,* p. 20.
2. *Parerga und Paralip.* I, § 14.

gie de Bichat, celle-ci comme l'expression physiologique de sa philosophie.

On sait que les *Recherches physiologiques sur la vie et la mort* reposent sur la distinction de deux vies, l'une organique, l'autre animale.

La vie organique, commune aux végétaux et aux animaux, comprend deux ordres de fonctions : la composition et la décomposition. Cette vie est continue, il y a chez elle des rémittences, jamais d'intermittences. « Elle est le terme où aboutissent et le centre d'où partent les passions. »

La vie animale comprend deux ordres de fonctions ; les sensations et les mouvements, qui sont en raison directe l'une de l'autre. Elle est intermittente. « Tout ce qui est relatif à l'intelligence appartient à la vie animale ; comme tout ce qui est relatif aux passions appartient à la vie organique. »

« Il est sans doute étonnant, dit Bichat, que les passions n'aient jamais leur terme ni leur origine dans les divers organes de la vie animale ; qu'au contraire les parties servant aux fonctions internes soient constamment affectées par elles. Tel est cependant ce que la stricte observation nous prouve. L'effet de toute espèce de passion, constamment étranger à la vie animale, est de faire naître un changement quelconque, une altération dans la vie organique... Voilà pourquoi le tempérament physique et le *caractère moral* ne sont pas susceptibles de changer par l'éducation qui modifie si prodigieusement les actes de la vie animale. Car comme nous l'avons vu, *tous deux appartiennent à la vie organique*. Le caractère est la physionomie des passions; le tempérament est celle des fonctions internes ; or, les unes et les autres étant toujours les mêmes, ayant une direction que l'habitude et l'exercice ne dérangent jamais, il est manifeste que le tempérament et le caractère doivent être aussi soustraits à l'empire de l'éducation. Elle peut modérer l'influence du second, perfectionner le jugement et la réflexion pour rendre leur empire supérieur au sien, fortifier la vie animale afin qu'elle résiste aux impulsions de l'organisme. Mais vouloir par elle dénaturer le caractère, c'est une entreprise analogue à celle d'un médecin qui essaierait d'élever ou d'abaisser de quelques degrés et, pour toute la vie, la force de contraction ordinaire au cœur dans l'état de santé. Nous observerions à ce médecin que la circulation, la respiration ne sont point sous le domaine de la volonté (libre arbitre)... Faisons la même observation à ceux qui croient qu'on change le caractère et par là même les passions, puisque celles-ci *sont un produit de l'action de tous les organes internes* ou qu'ils y ont au moins spécialement leur siège. »

Cette citation de Bichat que nous empruntons à Schopenhauer suffit pour montrer à quel point le physiologiste et le philosophe s'accordent; l'un appelant vie organique ce que l'autre appelle volonté, et vie animale ce que l'autre appelle intelligence; la vie animale paraissant à l'un greffée sur la vie organique et l'intelligence paraissant à l'autre greffée sur la volonté. Il est inutile d'insister sur des analogies de détail que le lecteur devinera facilement. Aussi Schopenhauer s'indigne contre Flourens quand il le voit aller chercher sa psychologie dans Descartes et louer ce philosophe d'avoir dit à l'encontre de Bichat « que les volontés sont des pensées. »

Après avoir montré ce que Schopenhauer entend par la volonté et sur quels faits il s'appuie pour la placer au premier rang, il nous faut, pour en mieux connaître la nature, examiner ses trois caractères esssentiels : l'identité, l'indestructibilité, la liberté.

III

Platon se plaisait à répéter que le travail philosophique par excellence consiste à voir l'unité dans la pluranité et la pluralité dans l'unité. Mais il l'entendait au sens intellectuel : ramener les faits sensibles à l'Idée, redescendre de l'Idée aux faits sensibles. Schopenhauer se flatte d'avoir fait le premier le même travail, *mais pour la volonté :* ramener toutes les forces de la nature à leur type, la volonté; expliquer par la volonté toutes les forces naturelles. Pour Platon, tout phénomène n'existe que par sa participation à l'Idée; pour Schopenhauer tout ce qui existe (exister c'est agir), le mouvement des astres, les actions mécaniques, physiques et chimiques, la vie, l'instinct, la pensée, est un dérivé de la volonté. Quoi qu'on pense de ses analyses, on ne peut nier qu'il y a montré une habileté d'esprit et une puissance de compréhension rares.

Bien que Schopenhauer considère la volonté comme l'essence interne et unique du monde inorganique, des végétaux et des animaux, cependant il assigne à chacune de ces catégories d'êtres une causalité spéciale : de là trois espèces qu'il appelle cause *(Ursache)*, excitation *(Reiz)* et motif *(Motiv)*.

La cause, dans le sens restreint du mot, règne dans le monde inorganique : elle est l'objet de la mécanique, de la physique et de la chimie. Elle est régie par le principe de Newton : l'action et la réaction sont égales.

L'excitation règne dans le monde des végétaux et dans la partie végétative de la vie animale. Cette espèce de causalité diffère de la précédente en ce que l'action et la réaction ne sont pas égales ; l'intensité de l'effet n'est pas toujours en raison directe de l'intensité de la cause.

Le motif règne dans la vie animale proprement dite, c'est-à-dire celle qui est accompagnée de conscience. Sa caractéristique spéciale c'est la connaissance, la représentation. Le motif diffère de l'excitation en ceci, qu'il n'a pas besoin de durer longtemps pour agir, il suffit qu'il soit perçu. Il n'a pas besoin non plus de la proximité de son objet, tandis que l'excitation demande le contact.

Voyons maintenant comment ces trois sortes de causalité se ramènent à la volonté.

Si nous examinons attentivement, avec quel irrésistible *tendance* les eaux se précipitent vers les cavités, la *persévérance* avec laquelle l'aimant se tourne vers le nord, le *désir ardent* du fer de s'attacher à lui, la *violence* avec laquelle les deux pôles d'électricité contraire cherchent à se rejoindre ; si nous remarquons avec quelle rapidité le cristal se constitue, avec quelle régularité de formes, avec quel *effort* déterminé dans des directions différentes ; si nous considérons avec quel *choix* les corps à l'état fluide se *cherchent* et se *fuient*, s'*unissent* et se *séparent ;* si nous trouvons enfin en nous comme un fardeau dont la *tendance* vers la masse terrestre entraîne notre corps, tendance continuelle qui accompagne chacun de ses efforts [1], — il ne faudra pas un grand effort d'imagination pour reconnaître que ce qui, chez nous, suit une fin déterminée à la lumière de l'intelligence et que ce qui, ici, n'est qu'une tendance aveugle, sourde, bornée, invariable, c'est une seule et même chose — à peu près comme l'aurore et le plein midi sont dus aux rayons du soleil — et que cette chose, c'est la volonté, essence de ce qui est et se manifeste. — La mécanique, la physique et la chimie enseignent les lois suivant lesquelles agissent ces diverses forces : impénétrabilité, pesanteur, cohésion, élasticité, chaleur, lumière, affinité, électricité, magnétisme, etc. ; mais elles ne nous disent rien et ne peuvent rien nous dire sur ces forces qui restent *des qualités occultes*, tant qu'on ne les dérive pas de la volonté.

De degrés en degrés, l'objectivation de la volonté devenant plus intelligible, se manifeste dans le règne végétal, où ses phénomènes sont liés entre eux non par la cause pure et simple, mais par des *excitations* : la vo-

1. On remarquera que chacun des mots que nous avons soulignés a une signification surtout psychologique que Schopenhauer a recherchée à dessein.

lonté n'en restant pas moins d'ailleurs une force inconsciente et aveugle. — Il ne faudrait pas inférer de ce qui précède que Schopenhauer admet une transition insensible entre l'inorganique et l'organique. Entre eux « la ligne de démarcation est absolue. Vivant et organique sont des concepts équivalents ». Il s'emporte à chaque instant contre « la négation stupide d'une force vitale ». La grande différence qui existe pour lui entre la force vitale et les forces physico-chimiques, c'est que celles-ci peuvent entrer dans un corps, en sortir, y rentrer (magnétisme, électricité) tandis que celle-là ne peut rien faire de semblable. La force vitale est identique à la volonté qui seule la rend intelligible. Quant à ceux qui expliquent par l'inorganique l'organique et la vie, puis l'intelligence et la volonté elle-même, ils ressemblent à un homme qui voudrait éclairer avec de l'ombre [1].

Schopenhauer ramène à la volonté toutes les tendances qui se manifestent dans le règne végétal. Chaque végétal a son caractère déterminé, c'est-à-dire qu'il *veut* d'une certaine manière : tel veut un milieu humide, tel un milieu sec, tel un milieu élevé ; l'un *tend* vers la lumière, l'autre vers l'eau. La plante grimpante cherche un appui ; l'arbre distend des rochers, force un mur par l'effort permanent qu'il fait pour se développer... etc., etc. Toutes choses qui sont dues à cette forme inférieure de la volonté que Schopenhauer appelle l'excitation.

Le règne animal manifeste un degré supérieur d'objectivation de la volonté. Lorsque dans son évolution, la volonté en arrive à ce point où l'individu qui représente l'Idée (l'espèce) ne peut plus s'assimiler sa nourriture sous l'influence d'une simple excitation ; mais, qu'étant devenu de plus en plus complexe dans son mode de vie, il doit chercher et choisir sa nourriture, conserver ses petits ; alors les mouvements ne peuvent plus avoir lieu que par

1. *Ueber den Willen in der Natur. Pflanzen-physiol. und Physische astronomie. Parerga und Paralip.*, II, § 96

motif; l'intelligence devient nécessaire. Il se produit chez l'animal soit un ganglion supérieur, soit un cerveau qui rend possibles les opérations instinctives ou intellectuelles. « L'intelligence sort donc originairement de la volonté elle-même; elle appartient au plus haut degré de son objectivation, à titre de pur *mécanisme*, de moyen de secours pour la conservation de l'individu et de l'espèce. » C'est donc parce que la volonté veut vivre et que la vie très complexe a besoin d'une lumière pour l'éclairer que l'intelligence se produit. « Mais avec ce mécanisme, naît tout d'un coup *le monde comme représentation* avec toutes ses formes, sujet et objet, temps, espace, causalité, pluralité. Le monde a maintenant deux faces. Jusqu'ici pure volonté, il est maintenant en même temps représentation, objet du sujet connaissant. La volonté a passé des ténèbres à la lumière. »

On comprend, sans qu'il y ait besoin d'insister, que Schopenhauer ramène à la volonté toutes les tendances de la vie animale. Le corps animal étant l'objectivation de la volonté, les parties du corps représenteront les désirs essentiels par lesquels la volonté se manifeste : les dents, le pharynx, le canal intestinal sont la faim objectivée; les organes génitaux sont l'appétit sexuel objectivé; le cerveau la volonté de connaître objectivée; le pied c'est la volonté d'aller, comme la main la volonté de saisir objectivée, l'estomac est la volonté de digérer, etc., etc. Ainsi la volonté explique tout, plan général et détails. L'*unité de composition* des naturalistes est l'expression anatomique de l'unité de la volonté. Les désirs et les tendances de l'animal expriment son organisation qui est elle-même le résultat de la volonté. C'est ce que Lamarck a entrevu; mais sans pouvoir s'élever jusqu'au vrai principe métaphysique ; jusqu'à l'essence primordiale de l'animal et de ses fonctions.

Nous avons vu que le principe de la vie est identique à la volonté; il a trois fonctions principales qui s'objectivent aussi dans trois tissus spéciaux :

La force reproductrice, objectivée dans le tissu cellulaire, est le caractère de la plante. Quand elle domine avec excès, elle devient phlegme, paresse (les Béotiens).

L'irritabilité, objectivée dans le tissu musculaire, est le caractère des animaux. Portée à l'excès, elle devient vigueur, fermeté (les Spartiates).

La sensibilité, objectivée dans le tissu nerveux, est le caractère de l'homme et de ce qui est essentiellement humain. Son excès amène le génie (les Athéniens) [1].

Il est assez curieux de noter que la théorie métaphysique de Schopenhauer s'accorde avec la doctrine de l'évolution progressive du monde, quoiqu'il admette la fixité absolue des genres et des espèces. D'abord il conçoit à peine qu'on puisse révoquer en doute l'hypothèse cosmogonique ébauchée par Kant (1755) et complétée par Laplace, un demi-siècle plus tard. Ceci admis, il trouve que les derniers résultats de la géologie s'accordent très bien avec sa métaphysique. Pendant les plus anciennes périodes du globe terrestre [2], antérieurement à l'époque du granit, l'objectivation de la volonté de vivre s'est bornée aux formes les plus inférieures : les forces de la nature inorganique se livraient à un conflit qui avait pour théâtre, non la superficie de notre planète, mais sa masse entière : conflit si colossal que l'imagination ne parvient pas à le concevoir. Après que cette lutte gigantesque, ce combat de Titans des forces chimiques eut pris fin, et que le granit, comme une pierre funéraire, eut recouvert les combattants ; la volonté de vivre, par un contraste complet, s'objectiva dans un paisible monde de plantes et de forêts sans fin. Ce monde végétal décarbonisa l'air et le rendit propre à la vie animale. L'objectivation de la volonté réalisa une nouvelle forme : le règne animal ; poissons et cétacés dans la mer, reptiles gigantesques sur la terre. Puis de degrés en degrés, à travers

1. *Ueber den Willen in der Natur*. Physiol. und Pathologie.
2. *Parerga und Paralipomena*. tom. II, § 87.

des formes innombrables et de plus en plus parfaites, la volonté de vivre en est venue jusqu'au singe. Mais ce n'était encore que son avant-dernier pas ; dans l'homme elle a atteint le dernier. Un être supérieur à lui, plus intelligent que lui, serait impossible ; car il trouverait la vie trop déplorable pour la supporter un seul instant.

Ainsi l'univers nous apparaît dans sa totalité comme une objectivation progressive de la volonté. Au plus bas degré, les phénomènes dont s'occupent la mécanique et l'astronomie ; puis en passant par la physique, la chimie, l'anatomie et la physiologie, nous atteignons enfin la poésie « qui nous montre la volonté sous l'influence des motifs et de la réflexion. Drame, épopée et roman nous peignent le caractère individuel et le poète est d'autant plus haut qu'il excelle mieux à la peindre : tel est Shakespeare. »

IV

L'indestructibilité (*Unzerstoerbarkeit*) est le second caractère de la volonté. Comme chose en soi, elle est en dehors du temps, donc du changement, du phénomène, de la destruction. Sa manière d'être est un éternel présent, un *nunc stans*, ce qu'on appelle l'éternité ; « concept qui n'ayant pour base aucune intuition, n'a qu'une valeur négative ». Toute mort est une apparence, toute destruction une illusion. Nous allons voir Schopenhauer s'appuyer à plusieurs reprises sur le principe de conservation et de persistance de la force. Il ne semble pas cependant qu'il en ait tiré tout le parti possible ; et il est probable qu'il eût insisté davantage, s'il eût écrit vingt ans plus tard. Ce qui le préoccupe surtout c'est la question de la mort : problème capital « car la mort est proprement le génie inspirateur, le Musagète de la philosophie. Sans elle, on eût difficilement philosophé. » L'animal a peur de la mort, mais il n'en a pas réellement la connaissance; aussi chaque individu jouit en lui-même de la pérennité de l'espèce, a conscience de lui-même comme étant sans fin. Chez l'homme il n'en est pas de même. Aussi toutes les religions et toutes les philosophies ont essayé de répondre à ses terreurs, pour les calmer. Les réponses oscillent entre ces deux extrêmes : considérer la mort comme un anéantissement absolu; admettre une immortalité en chair et en os. Deux solutions également fausses [1].

En fait, la crainte de la mort est indépendante de toute connaissance. Elle existe chez l'animal quoiqu'il n'en ait aucune idée. Quiconque est né l'a apportée au monde avec soi. Elle a sa source dans la volonté qui tend à vivre. Nous sommes guidés durant notre existence par deux illusions : l'amour du plaisir, la crainte de la mort; c'est la volonté aveugle, mais souveraine, qui s'en sert pour nous conduire à ses fins. Si l'homme était une pure intelligence, la mort serait pour lui indifférente, souvent même désirée. Mais l'existence individuelle a pour base la volonté, comme chose en soi, dont l'effort vers l'être et le phénomène constitue le monde; et cette tendance aveugle vers la vie est aussi inséparable de la volonté que l'ombre l'est du corps. Qu'on remarque encore que si notre crainte du néant était raisonnée, nous devrions nous inquiéter autant du néant qui a précédé notre existence que de celui qui doit la suivre. Et pourtant il n'en est rien. J'ai horreur d'un infini *a parte post* qui serait sans moi; mais je ne trouve rien d'effrayant dans un infini *a parte ante* qui a été sans moi.

Nous savons, même au simple point de vue de l'expérience, que rien ne périt. Le pendule qui, après beaucoup d'oscillations, a trouvé son centre de gravité, reste en repos. S'imagine-t-on pour cela que sa pesanteur est anéantie? Non; mais on dit que son activité n'est plus visible pour nos yeux. A la pesanteur, à l'électricité, à

1. Pour toute cette question : *Die Welt als Wille*, tom. II, ch. 41, et tom. I, liv. IV.

toutes les forces inférieures de la nature, nous reconnaissons une éternité, une indestructibilité, que la fugacité et la disparition de leurs phénomènes ne peuvent masquer. Comment donc pourrions-nous admettre l'anéantissement du principe de la vie, la destruction totale de l'homme par la mort? La matière prise dans le réseau inextricable de la causalité, assurerait à elle seule l'indestructibilité, même à celui qui serait incapable d'en saisir une plus haute. « Quoi! dira-t-on, la persistance d'une pure poussière, d'une matière brute; ce serait là la persistance de notre être? — Voyons, connaissez-vous donc cette poussière? Savez-vous ce qu'elle est et ce qu'elle peut? Apprenez à la connaître avant de la mépriser. Cette matière qui n'est maintenant que poussière et que cendre, bientôt dissoute dans l'eau deviendra cristal, brillera comme métal, jaillira en étincelles électriques, manifestera sa puissance magnétique, se façonnera en plantes et en animaux, et de son sein mystérieux se développera cette vie, dont la perte tourmente tant votre esprit borné. Durer sous la forme de cette matière, n'est-ce donc rien? » Quand l'imparfait, l'inférieur, l'inorganique est indestructible, comment admettre que les êtres les plus parfaits, les vivants avec leur organisation infiniment compliquée seraient absolument détruits pour faire place à d'autres? Cela est si évidemment absurde qu'il est impossible que ce soit le véritable ordre des choses. Cela cache quelque mystère que la nature de notre intelligence nous empêche de pénétrer.

L'idéalisme donne le mot de cette énigme. Dans le monde des phénomènes soumis aux formes du temps, de l'espace et de la causalité, tout semble naître et mourir. Mais tout cela n'est qu'apparence. C'est une illusion qui a sa racine dans l'intelligence, qui ne subsiste que par elle et disparaît avec elle. Notre être véritable et l'être véritable de toute chose est en dehors du temps; et là les concepts de naissance et de mort n'ont aucune signification. Spinoza a raison de dire que nous nous sentons éternels « *sentimus experimurque nos æternos esse* » ; et la Nature au sens transcendant ressemble à ce château dont parle Diderot dans *Jacques le fataliste*, au frontispice duquel on lisait : « Je n'appartiens à personne et j'appartiens à tout le monde; vous y étiez avant que d'y entrer et vous y serez encore quand vous en sortirez. »

L'individu meurt, l'espèce est indestructible. L'individu est l'expression dans le temps de l'espèce qui est hors du temps. « La mort est pour l'espèce ce que le sommeil est pour l'individu. » L'espèce que Schopenhauer appelle aussi l'idée, au sens platonicien, représente un des aspects de la volonté comme chose en soi. A ce titre, elle représente ce qu'il y a d'indestructible dans l'individu vivant, comme les forces physico-chimiques représentent ce qu'il y a d'indestructible dans la nature inorganique. Elle contient tout ce qui est, tout ce qui fut, tout ce qui sera. « Quand nous jetons un regard vers l'avenir et que nous pensons aux générations futures avec leurs millions d'individus humains, différents de nous par leurs mœurs et leurs costumes, et que nous essayons de nous les rendre présents, cette question se pose : D'où viendront-ils tous? Où sont-ils maintenant? Où donc est ce riche sein du néant, gros du monde, qui cache les générations à venir? — Et où pourrait-il être, sinon là où toute réalité a été et sera, dans le présent et dans ce qu'il contient; en toi-même, questi neur insensé, qui en méconnaissant ta propre essence, ressembles à la feuille sur l'arbre qui, se flétrissant en automne et pensant qu'elle va tomber, se lamente sur sa mort et ne veut pas se consoler à la vue de la fraîche verdure dont, au printemps, l'arbre sera revêtu. Elle dit en pleurant : Je ne suis plus rien! Feuille insensée! Où veux-tu aller? d'où les autres feuilles pourraient-elles venir? Où est ce néant dont tu crains le gouffre? Reconnais donc ton propre être dans cette force intérieure, cachée, toujours agissante de l'arbre qui à travers toutes ses générations de feuilles ne connait ni la naissance ni la mort! Et maintenant l'homme n'est-il pas comme la feuille? »

Οἵη περ φυλλῶν γένεη, τοιήδε καὶ ἀνδρῶν

« Voyez votre chien, dit encore Schopenhauer qui pensait sans doute à son fidèle Atma, comme il est là devant vous paisible et joyeux! Des milliers de chiens ont dû mourir avant que celui-ci pût vivre. Mais la mort de ces milliers n'a entamé en rien l'idée de l'espèce. Voilà pourquoi ce chien est si vif, si plein de force qu'il semble que ce soit son premier jour et qu'il n'en aura jamais un dernier, et que dans ses yeux brille le principe indestructible qui est en lui. Ce qui est mort n'est pas le chien; c'est son ombre, son image telle que les conçoit notre manière de connaître, soumise aux conditions du temps. » Sans doute l'individualité disparait à la mort, la nôtre comme celle de l'animal. Fragile phénomène lié à la conscience, par suite au cerveau, elle ne peut survivre à l'organisme. Mais qu'importe! « Ma personnalité phénomène est une aussi petite partie de mon être réel, que mon être est une petite partie du monde... Et quel souci puis-je avoir de la perte de cette individualité, quand je porte en moi la possibilité d'individualités sans nombre?.... Une individualité bornée, qui serait condamnée à une durée sans fin, aurait une vie si monotone que mieux vaudrait le néant. Désirer l'immortalité de la personne, c'est proprement vouloir perpétuer une illusion à l'infini. » La seule chose qui soit indestructible en nous et ailleurs, c'est donc la volonté.

V

Il nous resterait à examiner le troisième caractère de la volonté : la liberté. Cette étude trouvera mieux sa place dans la Morale[1]. Pour Schopenhauer, la volonté est à la fois absolument libre comme chose en soi et absolument nécessitée comme phénomène. En sorte que nous trouvons partout la même opposition : dans le monde de l'être, identité, indestructibilité, liberté ; dans le monde du paraître, variété sans fin, naissance et mort, fatalité et déterminisme.

Pour compléter cette étude de la volonté qui est en même temps une métaphysique de la nature, il nous reste à exposer un point fort obscur, de la doctrine générale de Schopenhauer : c'est sa théologie[2].

Le progrès des sciences physico-chimiques et des sciences biologiques a suscité, comme on le sait, de très vifs débats sur la question des causes finales. L'Allemagne en a été principalement le théâtre : Liebig, Moleschott, Vogt, Büchner ont été les principaux jouteurs.

D'après le matérialisme physico-chimique, l'organisme vivant n'est pas l'expression d'une force vitale ou d'un type ; mais simplement le résultat des forces aveugles de la nature. La vie est le produit de combinaisons chimiques très complexes, soumises à l'action des agents physiques extérieurs contre lesquels elles réagissent ; et le mot vie n'est qu'un terme collectif pour désigner la somme des fonctions de la matière organisée.

D'après la doctrine des causes finales, au contraire, la vie n'est pas un simple résultat des forces de la matière, agissant selon les lois mécaniques et chimiques ; mais c'est la manifestation d'une idée, d'un type, qui gouverne les forces aveugles de la matière et les emploie à ses desseins. La vie est un principe, non un résultat ; une unité réelle, non une unité fictive.

Frauenstaedt prétend que son maître a réconcilié ces deux écoles rivales et qu'il a résolu le problème de l'accord des causes efficientes et des causes finales par une

1. Voir ci-après, ch. VI, § Ier.
2. *Ueber den Willen in der Natur : Vergleichende Anatomie. Die Welt als* u. s. V. tom. II, ch. 26.

conception exacte de la vie organique ; c'est-à-dire en les rattachant à la volonté comme cause première... Ici, comme partout, l'erreur vient de ce qu'on a mis l'intelligence au premier rang, la volonté au second, tandis que le contraire est la vérité. « La finalité évidente qui se rencontre dans toutes les parties de l'organisme animal, montre clairement qu'il y a là, non pas une force aveugle, mais une volonté Mais on s'est accoutumé à ne concevoir l'action d'une volonté que comme conduite par une intelligence. On tient la volonté et l'intelligence pour complètement inséparables et on regarde la volonté comme une pure opération de l'intelligence. Par suite, là où la volonté agit, on dit que l'intelligence doit la conduire. Qu'arrive-t-il? c'est qu'on cherche la finalité où elle n'est pas. On la met à tort hors de l'animal qui devient dès lors le produit d'une volonté étrangère, placée sous la dépendance d'une intelligence qui, elle, a conçu la finalité et la réalise. Par suite l'animal existerait dans l'intelligence avant d'exister dans la réalité. C'est là le fondement de la preuve physico-théologique. » Mais pour Schopenhauer la finalité dérive essentiellement de la volonté et comme la volonté est le fond de tout être vivant, comme tout corps organisé n'est que la volonté devenue visible, il en résulte que cette finalité est coétendue à l'être lui-même, qu'elle est intérieure, *immanente*.

« Notre étonnement, dit-il, dans son livre sur la *Volonté dans la nature* (p. 59), à la vue de la perfection infinie et de la finalité des œuvres de la nature, vient de ce que nous les considérons comme nous considérons nos propres œuvres. Dans celles-ci la volonté et l'œuvre sont de deux espèces différentes : puis, entre ces deux choses, il y en a encore deux autres : 1° l'intelligence étrangère à la volonté en elle-même et qui est un milieu que celle-ci doit cependant traverser avant de se réaliser; 2° une matière étrangère à la volonté et qui doit recevoir d'elle une forme et la recevoir de force; parce que cette volonté lutte contre une autre qui est la nature même de cette matière. — Il en est tout autrement des œuvres de la nature qui sont une manifestation immédiate, et non médiate de la volonté. Ici la volonté agit dans sa nature primitive, sans connaissance. la volonté et l'œuvre ne sont séparées par aucune représentation intermédiaire, elles ne font qu'un. Et même la matière ne fait qu'un avec elles; car la matière est simplement la volonté à l'état visible (*die blosse Sichtbarkeit des Willens*). Aussi trouvons-nous ici la matière complètement pénétrée par la forme..... Ici, la matière, quand on la sépare de la forme, comme dans l'œuvre d'art, est une pure abstraction, un être de raison dont il n'y a aucune expérience possible. La matière de l'œuvre d'art, au contraire, est empirique. L'identité de la matière et de la forme est le caractère du produit naturel; leur diversité, du produit de l'art. »

Schopenhauer pense qu'en établissant, comme le fait sa philosophie, l'identité de la matière et de la force, l'identité des causes efficientes et des causes finales est par là même établie, et que le débat entre le mécanisme et la finalité vient de ce que chacune des écoles s'en tient exclusivement à une des deux expressions d'une seule et même chose. Le matérialiste dit : nous voyons *parce que* nous avons des yeux, nous pensons *parce que* nous avons un cerveau. — Le partisan des causes finales dit : c'est *afin que* nous voyions que nous avons des yeux; *afin que* nous pensions que nous avons un cerveau. Tous deux ont en partie raison. Le *parce que* est juste, mais dans l'hypothèse du *afin que;* et le *afin que* est juste en se complétant par le *parce que*. La vie est le résultat de l'action des forces matérielles; mais ces forces ne sont que la manifestation de la cause finale de la vie, c'est-à-dire de la volonté de vivre. En un mot : La volonté de vivre produit l'organisme et l'organisme, dans son contact avec le monde extérieur, rend la vie possible. La volonté de connaître façonne le cerveau et le cerveau dans son contact avec les impressions du monde extérieur rend la connaissance possible.

Ainsi, tandis qu'on admet généralement, au sommet des choses, une intelligence qui conçoit la fin et les moyens et dont la volonté est le pouvoir exécutif qui façonne la matière, Schopenhauer pose la volonté à la fois comme cause et comme matière : les concepts de moyen et de fin n'étant inhérents qu'à la nature de notre raison quand elle réfléchit sur l'organisme[1]. Ici Schopenhauer parle comme Kant qui considérait la conformité à un but, comme créée par la réflexion de l'esprit, qui admire par conséquent un miracle qu'il a produit lui-même.

L'instinct éclaircit la finalité. Il semble qu'en le créant, la nature ait voulu mettre dans les mains de l'investigateur un commentaire de son mode d'action dans la production des causes finales. Car l'instinct des animaux montre que l'être peut travailler d'une façon parfaitement déterminée, en vue d'une fin qu'il ne connaît pas, dont il n'a même aucune représentation. La cause finale elle aussi est un motif qui agit sans être connu.

On peut dire que la volonté chez les animaux est gouvernée et conduite à l'action de deux manières différentes: par motif ou par instinct; par une occasion extérieure ou par une impulsion intérieure. Mais cette opposition du motif et de l'instinct, examinée de plus près, devient moins profonde et n'offre même plus qu'une différence de degré : car le motif, lui aussi, ne peut agir que dans l'hypothèse d'une *impulsion intérieure*, c'est-à-dire d'une manière d'être particulière de la volonté que l'on appelle le caractère. En ce sens la différence de l'instinct et du caractère se réduit à ceci : que l'instinct est un caractère qui n'agit que sous l'impulsion d'un motif déterminé d'une manière toute spéciale: et par suite on peut le définir

1. Ist die Zweckmaessigkeit des Organismus bloss da für die erkennende Vernunft, deren Ueberlegung an die Begriffe von Zweck und Mittel gebunden ist.

« un caractère déterminé dans un sens unique avec une force incommensurable. » Le motif, au contraire, suppose une sphère de connaissance plus étendue et par conséquent une intelligence plus développée. — Quant à ces instincts qui supposent chez l'animal une anticipation de l'avenir (le *necrophorus vespillo*, etc.) « leur source, dit Schopenhauer n'est pas dans la connaissance ; mais dans la volonté comme chose en soi, laquelle, comme telle, est en dehors des formes de la connaissance : à cet égard donc le temps n'a aucun sens pour elle ; le futur est aussi près d'elle que le présent. »

Cette étude sur la volonté nous a fait pénétrer jusqu'au cœur même de la philosophie de Schopenhauer, puisque la volonté est l'irréductible, l'explication dernière, « la chose en soi ». Mais faut-il croire que nous touchons ici à ce que les métaphysiciens appellent l'absolu? Il faut s'expliquer sur ce point.

« Qu'est-ce que la connaissance? dit Schopenhauer [1]. — C'est d'abord et essentiellement une représentation. — Qu'est-ce qu'une représentation? — Un phénomène cérébral très complexe qui aboutit à la formation d'une image. Ces intuitions qui sont la base et la matière de toute autre connaissance, ne peuvent-elles pas être considérées comme la connaissance de la chose en soi? Ne peut-on pas dire : l'intuition est produite par quelque chose qui est hors de nous, qui *agit*, et par conséquent qui *est?* Nous avons vu que l'intuition, étant soumise aux formes du temps, de l'espace et de la causalité, ne peut donner par là même la chose en soi ; que celle-ci doit être cherchée, non dans une connaissance, mais dans un *acte;* qu'il y a une voie intérieure qui, semblable à un souterrain, à une route secrète, nous introduit d'un seul coup, comme par trahison, dans la forteresse. La chose en soi

1. *Die Welt als Wille* u. s. w. tome II, ch. XVIII.

ne peut être donnée que dans la conscience; puisqu'il faut qu'elle devienne consciente d'elle-même. Vouloir la saisir objectivement, c'est vouloir réaliser une contradiction. Mais qu'on remarque bien ce qui en résulte.

La perception interne que nous avons de notre propre volonté, ne peut en aucune façon nous donner une connaissance complète, adéquate de la chose en soi. Cela ne pourrait être que si la volonté nous était connue immédiatement. Mais elle a besoin d'un intermédiaire, l'intelligence, qui suppose elle-même un intermédiaire : le corps, le cerveau. La volonté est donc, pour nous, liée aux formes de la connaissance ; elle est donnée dans la conscience sous la forme d'une perception et, comme telle, se scinde en sujet et en objet. La conscience se produit sous la forme invariable du temps, de la succession; chacun ne connaît sa volonté que par des actes successifs, jamais dans sa totalité. Chaque acte de volonté qui sort des profondeurs obscures de notre intérieur, pour arriver à la lumière de la conscience, représente le passage de la chose en soi au phénomène. C'est là du moins le point où la chose en soi se donne le plus immédiatement comme phénomène, se rapproche le plus du sujet connaissant. Et c'est en ce sens que la volonté est tout ce qu'il y a de plus intime, de plus immédiat, de plus indépendant de la connaissance, qu'elle peut être appelée la chose en soi.

« Mais si on se pose cette question dernière : « Cette volonté qui se manifeste dans le monde et par le monde, qu'est-elle absolument et en elle-même? » *Il n'y a aucune réponse possible à cette question;* puisque être connu est en contradiction avec être en soi, et que tout ce qui est connu est par là même phénomène. » En d'autres termes, la volonté saisie sous la forme de la connaissance est par là même saisie comme conditionnée et cesse d'être la chose en soi.

« Pour conclure, l'essence universelle et fondamentale de tous les phénomènes, nous l'avons appelée *volonté*, d'après la manifestation dans laquelle elle se fait connaître sous la forme la moins voilée ; *mais par ce mot nous n'entendons rien autre chose qu'une X inconnue :* en revanche, nous la considérons comme étant, au moins d'un côté, infiniment plus connue et plus sûre que tout le reste [1]. »

CHAPITRE V

L'ART

I

Quelle sera la transition entre le monde de la volonté et le monde de l'art? Comment le philosophe de la nature se changera-t-il en maître d'esthétique? C'est ici que Platon intervient. Le domaine de la représentation, tel que Kant l'a déterminé, et le domaine de la volonté, tel que Schopenhauer l'a décrit, le monde des phénomènes et le monde de la réalité sont rejoints l'un à l'autre par l'intermédiaire des idées platoniciennes, sorte de principes mixtes qui semblent participer de la volonté et de l'intelligence. La nature les a laissé entrevoir : « Dans les différents degrés de la volonté, nous avons déjà reconnu les idées platoniciennes, en tant que ces degrés sont les espèces déterminées, les propriétés primordiales,

1. *Die Welt als Wille* u. s. w. tome II, ch. XXV.

les formes immuables qui, soustraites au devenir, se manifestent en tous les corps, inorganiques ou organisés. Ces idées se manifestent dans d'innombrables individus auxquels elles servent de modèles. Mais la pluralité des individus est représentable seulement dans l'espace et le temps; leur origine et leur mort s'expriment par la loi de causalité, ils sont soumis, à la raison suffisante, dernier principe de toute individuation, et forme générale de la représentation. L'idée, au contraire, est soustraite à cette loi: chez elle, il n'y a ni pluralité, ni devenir. Tandis que les individus dans lesquels elle se manifeste sont multiples, soumis à la naissance et à la mort, elle demeure immuable, une et identique, et la raison suffisante n'a pour elle aucun sens. Or, si la raison suffisante est la forme à laquelle est soumise toute connaissance du sujet, en tant que ce sujet est individu, il en résulte que les idées doivent demeurer en dehors de sa sphère de connaissance. Les idées doivent-elles devenir objet de connaissance, cela ne peut être que par la suppression de l'individualité dans le sujet connaissant[1]. »

Les idées apparaissent ainsi dans la nature comme les symboles des espèces, les types sur lesquels se règle toute réalité. Tandis que la nouvelle méthode des sciences naturelles élimine les notions de genre et d'espèce, rompt les cadres des classifications logiques, et introduit le devenir sans limites dans l'univers vivant, Schopenhauer, pour arrêter ce flot perpétuel des choses qu'imaginait jadis Héraclite, asservit les phénomènes aux idées immuables, aux types spécifiques. Cette intervention des idées dans la nature même ressemble déjà, si l'on peut dire, à une première esthétique qui rétablit l'ordre et l'harmonie parmi le chaos des êtres.

Mais comment attribuer aux idées une valeur toute platonicienne, dans une doctrine qui, pour premier objet, se propose de démontrer le caractère relatif et sub-

1. *Die Welt*, tome I, liv. III, § 30.

jectif de l'intelligence? Il faut ici poursuivre l'analyse, et exposer que ces idées, loin d'être intellectuelles, loin de tomber, par conséquent, sous l'empire de la raison suffisante, se rapprochent plutôt de la volonté, de cette réalité que Kant appelle la chose en soi. Dans Platon même, les idées ne sont pas aperçues par l'entendement discursif, elles sont saisies par la raison intuitive : et de là résulte entre Platon et Kant une similitude inattendue que Schopenhauer a justement signalée. « Ce que Kant appelle la *chose en soi*, le *noumène*, et ce que Platon appelle l'*idée*, ce sont deux concepts, non point sans doute identiques, mais voisins et distingués seulement par une nuance. Il est évident que le sens intérieur des deux doctrines est le même que toutes deux ne voient dans le monde visible qu'une apparence, une *maya*, comme disent les Hindous, qui, en soi est comme un rien, et n'a de signification et de réalité que par ce qui s'exprime en lui, à savoir : la *chose en soi* de Kant ou l'*idée* de Platon; en un mot, le *noumène*, auquel les formes universelles et essentielles du phénomène, temps, espace, causalité, restent absolument étrangères. Kant nie immédiatement ces formes de la *chose en soi*. Platon les nie médiatement des idées, en ce qu'il exclut ce qui n'est possible que par ces formes : à savoir la pluralité, la naissance et la mort[1]. » L'*idée* est ainsi rapprochée de la *chose en soi* que Schopenhauer appelle *volonté*, et l'on comprend alors comment elle échappe au caractère relatif et subjectif de l'intelligence. Est-ce à dire pourtant que l'idée soit soustraite à toute représentation et se confonde avec la volonté même ? Schopenhauer ne le pense pas. « L'idée et la chose en soi, dit-il, ne sont pas absolument identiques : l'idée est plutôt l'objectivation immédiate et partant adéquate de la chose en soi qui est la volonté, mais la volonté non encore objectivée, non encore devenue représentative.

1. *Die Welt*, tome I, liv. III, § 31, cité par M. Janet. *Revue des cours littéraires*, 19 décembre 1868.

Car la chose en soi doit, d'après Kant lui-même, être affranchie des formes imposées à la connaissance, et la faute de Kant est de n'avoir pas compté au nombre de ces formes *le sujet comme objet,* qui est la première forme et la plus générale de la représentation ; il aurait ainsi enlevé expressément à sa chose en soi l'objectivité, ce qui l'aurait préservé de cette grande inconséquence de bonne heure découverte. L'idée platonicienne, au contraire, est nécessairement objet, connaissance, représentation, et par là même, mais par là seulement, elle diffère de la chose en soi. Elle est soustraite aux formes de représentation que nous comprenons sous le nom de raison suffisante, ou plutôt elle n'y est pas encore soumise ; mais elle est régie par la première forme de représentation, à savoir l'objectivité du sujet pour lui-même. De la sorte, la raison suffisante est la forme à laquelle est soumise l'idée, quand elle tombe dans la connaissance du sujet en tant qu'individu. La chose particulière, représentée en vertu de la raison suffisante, n'est ainsi qu'une objectivation médiate de la chose en soi ou volonté : entre elle et la chose en soi, se tient l'idée qui est la seule objectivation immédiate de la volonté et ne connaît d'autre forme de représentation que la forme générale de l'objectivité du sujet. Par conséquent elle est l'objectivation la plus adéquate possible de la chose en soi ou volonté : elle est même toute la chose en soi, mais soumise à la forme de la représentation : et là est la raison du profond accord entre Kant et Platon, bien que, au jugement du grand nombre, ce dont tous deux parlent ne soit pas la même chose [1]. »

L'idée est ainsi l'intermédiaire entre le monde de la représentation phénoménale et le monde de la volonté, c'est la volonté de la nature aveugle et mauvaise, qui, peu à peu, s'amende et se corrige par l'oubli d'elle-même et de ses besoins, c'est l'imperfection qui travaille à

1. *Die Welt,* tom. I, liv. III, § 32.

son propre néant. L'idée est un des degrés de ce progrès vers le néant : elle est affranchie à la fois des limites de la représentation et de l'égoïsme de la volonté, elle est bien le véritable symbole de l'art qui, également éloigné de la science et de l'intérêt, atteint la beauté par ce double renoncement, et achemine les âmes au renoncement suprême de la morale.

II

Le premier résultat de la connaissance des idées est la suppression de l'individu : comme, en effet, le sujet individuel est soumis aux formes de la raison suffisante, et que les idées échappent à cette loi, le seul moyen de connaître les idées est de sacrifier son individualité. Dans la nature, dans la vie, dans les sciences, l'intelligence est au service de la volonté, elle n'est qu'un instrument aux ordres de la faculté maîtresse. Mais quand l'individualité est supprimée, comme il arrive dans la connaissance des idées, l'intelligence cesse d'être esclave, elle devient libre, elle est un sujet pur de connaissance, elle est sa fin à elle-même.

L'idée, objet de la contemplation pure, est ainsi comme la messagère entre les deux mondes : et, par ce rôle, elle rappelle l'idée hégélienne, si dédaignée pourtant de Schopenhauer, ou encore cette *intuition esthétique* de Schelling qui a le don de réconcilier le fini et l'infini dans une alliance mystérieuse, assez voisine de l'extase; ou même ce *jugement esthétique et téléologique* de Kant, qui, dans l'ensemble du système, paraît avoir pour mission d'établir un lien entre la raison théorique, domaine de la nature, et la raison pratique, domaine de la liberté. En tout cas, elle est bien l'image de l'art qui se joue à la surface de l'intelligence et du monde, et reproduit les différents aspects de l'univers, libre, indépendant, heureux de ses privilèges, faisant choix, pour ses caprices, de toute réalité, sans être soumis lui-même aux lois communes de l'existence. L'idée, en effet, et l'art qui lui sert d'objet sont affranchis : ils échappent à l'égoïsme de la volonté et aux limites de l'intelligence. « Dans la contemplation esthétique, d'un seul coup la chose particulière devient l'idée de son espèce et l'individu contemplant un pur sujet de connaissance [1]. » L'esprit alors participe aux caractères de l'absolu et de l'éternité *(mens æterna est quatenus res sub æternitatis specie concipit)*. Il se substitue peu à peu à la volonté dont il corrige les défauts par ses vertus intellectuelles ; et son influence est si puissante que, dans une intuition désintéressée, il tend à absorber l'univers. « Le contemplateur attire la nature en lui, si bien qu'il finit par la ressentir comme un accident de sa propre substance. C'est dans ce sens que Byron a dit :

Are not the mountains, waves and skies a part
Of me and of my soul, as I of them ?

A éprouver ce sentiment, pourrait-on, en présence de la nature indestructible, se croire soi-même absolument périssable ? Ne doit-on pas plutôt adopter cette pensée des Vedas : *Hæ omnes creaturæ in totum ego sum, et præter me aliud ens non est* [2]. » Tel n'est pas sans doute le sentiment qu'éprouvent d'ordinaire les poètes de ce siècle : Shelley, Gœthe, Lamartine, qui loin de ramener la nature à eux-mêmes, préfèrent se perdre et se disperser dans l'univers divin ; et loin de trouver entre eux et la nature cette harmonie exprimée par le philosophe, se plaignent, au contraire, dans leur désespoir et leur mélancolie, d'être si faibles, si mobiles, si périssables, en présence de la création immuable et impassible. Mais ces lamentations dénoncent une tendance égoïste : tandis

1. *Die Welt*, tom. I, liv. III, § 31.
2. Ibid.

que, dans la pensée de Schopenhauer, l'art et la poésie doivent être impersonnels et objectifs ; la connaissance de l'idée doit inspirer aux initiés ce caractère de sérénité olympienne que l'Allemagne reprocha plus tard à son plus grand artiste, et l'affranchi de la volonté paraîtrait se trop souvenir de son esclavage, s'il usait de ses premiers jours de liberté pour pleurer sur les misères du passé. La contemplation de l'idée doit au contraire être calme, elle est comme un avant-goût du repos éternel recommandé par la sagesse indienne : déjà l'individu s'efface, la personnalité s'évanouit, il ne reste que le Génie, ce premier Messie libérateur du monde, ce premier apôtre du renoncement.

Le Génie est en effet le maître ès-arts : il consiste dans la prédominance de l'intuition et de la contemplation sur la volonté ; il se distingue de la raison et de la science par le pouvoir qu'il a de se soustraire aux relations et aux catégories ; sa mission est de connaître les idées indépendamment de la raison suffisante, et sa nature est de rester sujet pur de connaissance, sans participer en rien aux faiblesses ni aux misères de l'individualité. Il s'isole ainsi dans une sorte de sphère supérieure, où la vie n'apparaît que pour être contemplée et embellie ; il ressemble à ces dieux quiétistes de Lucrèce dont le bonheur est surtout l'absence du mal, et qui vivent dans l'intermonde, sourds aux bruits de l'univers inférieur, indifférents aux évolutions du Cosmos. Tandis que la science est profondément engagée dans le domaine de la représentation, et qu'elle s'applique à ajuster aux formes de l'entendement les manifestations multiples de l'unique volonté, tandis qu'elle met l'intelligence à son service et la contraint à subir le joug des lois phénoménales, l'art au contraire se place au-dessus de la raison suffisante, et laisse à l'intelligence le droit d'agir librement, d'être sa fin à elle-même. De plus, loin d'imiter la science qui obéit toujours à un dessein intéressé, qui, dans ses spéculations, se conforme aux exigences d'un plan, l'art fait profession d'être inutile comme la philosophie même ; le génie méprise la pratique, il craindrait de s'abaisser aux calculs réfléchis de la volonté qui, de toute la force de ses instincts, se livre à l'intérêt et à l'ambition ; dans sa naïveté, il ignore du monde tout ce qui est étranger à la beauté ; aussi, malgré sa puissance et sa supériorité, préfère-t-il le rôle de roi sans couronne, voué à une solitude sublime ; alors même qu'il se sent le jouet des Antonio, il ne veut pas abdiquer la folie chevaleresque du Tasse [1]. On comprend par là comment le génie doit être ennemi de ces sciences abstraites où concourent la représentation et la volonté : il accepte de l'imagination tout ce qu'elle peut fournir à l'art, mais il repousse cette autre imagination que Kant appelait l'*imagination a priori* et qui sert uniquement à figurer les formes de la sensibilité, telles que l'espace et le temps. Il en résulte que le génie doit avoir une antipathie profonde contre les mathématiques, cette science de l'espace et de l'imagination abstraite : Schopenhauer est loin de croire avec Novalis qu'un géomètre soit poète ; il s'attache plutôt à dresser une liste de génies hostiles aux sciences exactes, et la contemplation pure lui semble tellement étrangère à la raison suffisante qu'il la juge incompatible avec la science des relations et des catégories. Il trouve au contraire des rapports évidents entre le génie et la folie : selon lui, les fous et les grands génies se ressemblent en ce qu'ils connaissent surtout le présent ; de même que le sujet pur de la connaissance voit tout dans une intuition immédiate, soustraite aux limites du temps, de même le fou paraît concentrer toute la raison qui lui reste sur les objets immédiatement présents à ses yeux ; les réalités se dessinent dans son intelligence avec un relief puissant ; il ne commence à se tromper et à délirer que plus tard,

1. Allusion à la tragédie de Gœthe : *Torquato Tasso. Die Welt I*, liv. III. § 36 et 37.

quand il essaie de rejoindre, dans la durée, ses intuitions actuelles à ses souvenirs. La folie et le génie n'ont pas de mémoire : ils ne vivent que du présent, l'intuition est leur seule faculté, et les images s'offrent toujours à eux dans leur dessin le plus concret et leur couleur la plus vive. Leur faculté de sensations semble toute neuve, ils paraissent voisins encore de l'enfance, tant leur système nerveux est développé [1], avec cette différence toutefois que chez les enfants il n'y a pas eu d'effort à faire pour maintenir cette prédominance de l'intuition, tandis que le génie et souvent la folie sont le résultat d'une lutte prolongée entre les notions abstraites et les perceptions immédiates. Cette lutte, au reste, se trahit dans l'état physiologique du cerveau ; le cerveau des hommes de génie doit être rangé au nombre des *monstra per excessum* [2], et la cause qui détermine cette heureuse anomalie, est précisément le triomphe de l'intelligence contemplative sur la volonté. Dans l'état normal, le cerveau contient 2/3 de volonté et 1/3 d'intelligence ; chez les hommes de génie la proportion est renversée, l'intelligence envahit les 2/3, abandonnant 1/3 à la volonté ; le système nerveux croît dans la même proportion et les physiologistes pourraient confirmer par leurs observations celle des psychologues. Tel est le génie, ce sens des idées, ce miroir du monde que ne ternit aucun souffle de personnalité ; telle est cette faculté supérieure, qui, par les privilèges de sa nature, initie les âmes élevées aux mystères de la contemplation esthétique.

III

Mais il y a, dans l'esthétique, deux éléments à distinguer : l'un, subjectif, le sujet pur de la connaissance :

1. *Die Welt*, tom. II, § 31.
2. Ibid.

l'autre, objectif, la connaissance même des idées. Il faut insister d'abord sur le premier : aussi bien Schopenhauer ne peut contenir son émotion, quand il parle de l'affranchissement du sujet, de sa *manumissio* [1]; on croirait entendre un quiétiste, madame Guyon elle-même, quand, après les douleurs de la servitude, il songe à la paix, a la sérénité de la délivrance. « C'est l'état sans douleur qu'Epicure célébrait comme le plus grand bien et comme l'état même des dieux : car nous sommes, pour un instant, délivrés du joug odieux de la volonté, la roue d'Ixion s'arrête, c'est le jour du sabbat, après les travaux forcés du vouloir [2]. » Ces paroles de contentement sont faites pour étonner les philosophes et les psychologues qui définissent l'art une œuvre de volonté et le génie « une longue patience ; » elles semblent démentir les confidences et les plaintes des poètes sur la difficulté du beau et le labeur pénible de l'inspiration. Schopenhauer n'attribue même pas au génie cette sorte de délire que Platon décrit dans l'*Ion* : l'art lui apparaît, au contraire, comme un séjour de repos et d'inaltérable félicité. « Cest cette félicité, dit-il, que nous voyons chez les maîtres hollandais qui appliquaient une contemplation purement objective aux objets les plus insignifiants, et qui, dans une « *scène d'intérieur*, » laissaient le monument durable de leur objectivité et de leur sérénité intellectuelle. » La nature, ajoute-t-il, fait éprouver aux hommes les mêmes sentiments : « le malaise des soucis et des passions est apaisé par un simple regard jeté sur l'univers; le torrent des passions, l'orage des désirs et des craintes, le tourment de la volonté, tout est aussitôt calmé d'une façon merveilleuse. » Ici Schopenhauer se rencontre avec la plupart des poètes et des romanciers : depuis Monsieur de Nemours, qui, dans le roman de Madame de Lafayette, console sa peine en admirant autour de lui

1. *Die Welt*, tom, II, § 31.
2. Ibid., tom, I, livre III, § 38.

le spectacle des arbres inclinés par le vent, jusqu'aux héros des romans modernes, tous les cœurs blessés, éprouvés par les passions, ont eu recours au remède souverain rappelé dans cette phrase du philosophe. Mais, seules, les âmes d'élite, agrandies par la douleur, peuvent en comprendre la vertu : quant aux hommes asservis à la volonté, et qui ne s'élèvent point à l'objectivité, « ils ne peuvent rester en tête à tête avec la nature, ils ont besoin de société, au moins d'un livre. » Il y a peu d'élus, capables de dominer leurs sentiments et leurs intérêts : pour la plupart des hommes, la vie est un combat, un conflit d'égoïsmes, quelque chose d'analogue à l'état de guerre dépeint par Hobbes ; ils sont rares les esprits désintéressés qui, jetant un regard rétrospectif sur le chemin parcouru, ne retrouvent dans leurs souvenirs que la contemplation pure et l'objectivité, cet état enfin « où le monde comme volonté est évanoui, où le monde comme représentation reste seul. « En cela, comme le disait Aristote, l'art est une purification, il a pour symbole la lumière, ce vêtement des bienheureux ; si, en effet, la lumière nous réjouit, c'est qu'elle est la corrélation et la condition de la connaissance contemplative accomplie, la seule qui n'affecte pas immédiatement la volonté. C'est ce que les religions ont bien compris en faisant de la lumière le séjour de la béatitude éternelle : « Ormuz réside dans la pure lumière, Ahriman dans la nuit sans fin. De même dans le paradis dantesque les âmes brillent, points lumineux, groupés selon des formes régulières, à peu près comme au Vauxhall à Londres [1]. » La beauté est comme un premier rayon de cette lumière céleste : elle est l'initiation à ce monde supérieur de l'objectivité et de la vie contemplative dont Aristote faisait l'idéal de la morale humaine.

Le beau n'est pas toutefois le seul sentiment qu'éveillent le spectacle de la nature et les chefs-d'œuvre des

1. *Die Welt,* tom. I, liv. III, § 38.

beaux-arts ; le langage esthétique sait y ajouter le sublime et le joli. Schopenhauer ne l'oublie pas, et, abandonnant ici les traces de Platon pour revenir à la pensée de Kant, il s'applique à distinguer avec précision des nuances, ce que le jugement de la foule ne se fait pas scrupule de confondre. « Dans le beau, dit-il, la pure connaissance domine et l'emporte sans combat ; dans le sublime, au contraire, l'état de pure connaissance n'est conquis que par une rupture consciente et violente avec la volonté. La conscience accompagne la conquête et la perception du sublime, dans lequel persistent les souvenirs de la volonté [1]. » On reconnait dans ces paroles l'expression de la doctrine Kantienne adoptée par Jouffroy : le sublime est représenté comme une sorte de beauté imparfaite, trop voisine de l'effort et de la volonté, trop altérée par la douleur et la lutte, et, s'il est permis de l'avouer, trop humaine. Or, comme la volonté est le fond éternel du monde, comme elle se manifeste aussi bien dans la nature et dans l'espace que dans l'homme, le sublime qui est la rupture violente de l'intelligence avec la volonté, peut se diviser en sublime dynamique, mathématique, ou moral, selon qu'il a pour théâtre la nature, le domaine de la géométrie, ou l'âme de l'homme. La violence d'une tempête, la hauteur d'un monument, la fermeté d'un caractère peuvent inspirer le sentiment du sublime, chez les âmes les moins délicates, tant la théorie se confirme avec évidence dans ces exemples : mais il faut une analyse fine et pénétrante pour saisir avec justesse les différences imperceptibles qui en certains cas séparent le sublime du beau lui-même. Cette transition entre les deux sentiments, Schopenhauer s'ingénie à en suivre les moindres progrès, il apporte à cette œuvre la minutie d'un psychologue anglais, et l'on dirait, tant les traits sont subtils, d'un graveur ou d'un miniaturiste !

Ces curiosités ingénieuses de l'observation raffinée

1. *Die Welt* tom. I, liv. III, § 39.

nous mènent tout directement au sentiment du joli, que Schopenhauer définit de la manière suivante : « J'entends par joli ce qui anime la volonté en lui présentant une satisfaction immédiate. » Cette formule semble indiquer peu d'estime pour le joli et le gracieux, de la part d'un auteur qui considère l'art comme la suppression même de la volonté : dès lors, en effet, le joli n'est qu'une altération de la beauté, un retour hypocrite à cette volonté qu'il s'agissait de détruire, et on pourrait l'appeler un traître qui, à la faveur du déguisement esthétique, introduit l'ennemi dans la place. Quoi qu'il en soit, Schopenhauer distingue dans le joli, le joli positif et le joli négatif; au premier appartiennent ces intérieurs hollandais, et ces nudités de la peinture et de la statuaire qui compromettent peut-être la beauté en la revêtant d'une forme trop flatteuse pour les sens et l'égoïsme de l'homme; quant au second, il est banni du domaine artistique, la négation du joli ne peut être en effet que le grotesque ou le repoussant.

Tels sont les éléments subjectifs de la connaissance esthétique : certaines doctrines n'en admettent pas d'autres et bornent la science du beau à l'analyse des sentiments qu'il inspire ; Kant lui-même ne paraît pas comprendre que la beauté ait une existence hors de l'âme humaine ; pour lui, à cet égard, le spectacle du monde est uniquement l'œuvre du *jugement*. Mais, sur ce point capital, Schopenhauer se sépare de son maître ; il estime que le beau ne saurait être renfermé dans l'âme de l'homme, puisque les Idées, sur qui repose la beauté, président à la nature tout entière ; et loin de confiner l'esthétique dans la conscience, il lui assigne pour premier caractère l'affranchissement de l'égoïsme personnel et l'objectivité.

A l'élément subjectif, au sujet pur de la connaissance, répond, en effet, par une corrélation rigoureuse, l'élément objectif, la connaissance des idées. Les deux termes ne sauraient se séparer, et il ne faut pas que la différence des noms dissimule la similitude profonde des réalités :

les idées et le sujet qui les connaît participent à la même nature et atteignent également cet état d'objectivité où la volonté n'apparait plus. Ici même les dénominations de sujet et d'objet cessent d'être limitatives, et Schopenhauer, comme Schelling, semble les ramener à l'identité, par le mystère de l'intuition esthétique : dans les deux systèmes, l'art est l'intermédiaire grâce auquel se fait la réconciliation. N'y a-t-il pas, d'ailleurs, entre les idées et le sujet une analogie merveilleuse qui explique la connaissance ; les idées ne sont-elles pas, comme le sujet lui-même, dispersées dans la nature, et le sujet n'est-il pas comme le foyer où les idées se concentrent? Selon l'explication profonde de Schopenhauer, « l'artiste est lui-même l'essence de la nature, la volonté s'objectivant. Comme dit Empédocle, le semblable ne peut-être connu que par le semblable ; seule la nature peut se comprendre elle-même, l'esprit n'est compris que par l'esprit, ou pour emprunter un mot d'Helvétius, il n'y a que l'esprit qui sente l'esprit [1]. » Une sorte d'homœomérie intellectuelle préside ainsi aux rapports du sujet avec les idées. la même beauté se révèle dans les idées et dans le sujet, puisque les deux termes sont de même nature, l'élément subjectif et l'élément objectif se pénètrent. Aussi n'ont-ils pas de peine à se reconnaitre, et l'artiste en voyant les merveilles du cosmos, admire une image dont il portait le modèle dans son intelligence. C'est l'artiste en outre qui complète la nature en s'ajoutant à elle (*ars est homo additus naturæ*, Bacon); « il l'entend à demi-mot, il exprime clairement ce qu'elle ne fait que bégayer, et lui crie : Voilà ce que tu voulais dire » [2]. On pourrait dire en ce sens : le monde est une esthétique qui s'ignore et que le sujet pur amène à la conscience d'elle-même, l'univers est le lieu où se fait le progrès qui, peu à peu, par le privilège de l'art, rapproche et confond la nature

1. *Die Welt*, tom. I, liv. III, § 45.
2. Ibid.

et l'esprit, jusqu'au jour de l'identité parfaite et absolue. Dès lors le sujet pur de la connaissance et les idées platoniciennes ne se distinguent plus que par un effort artificiel de la logique ou de la psychologie : l'union réelle est consommée.

Au reste Schopenhauer fait de la connaissance de l'idée, non pas une opération lente et discursive, mais une intuition immédiate et directe ; et, à ce propos, il insiste sur la différence qui sépare l'idée de la notion abstraite. « Que Platon ait déjà remarqué cette différence, je ne veux nullement le prétendre ; beaucoup de ses exemples et de ses explications à propos des idées sont en effet plutôt applicables aux notions. Au reste nous poursuivons notre chemin, heureux d'avoir si longtemps marché sur les traces d'un grand et noble esprit, mais non asservi à ses pas [1]. « La différence, que Platon l'ait ou non remarquée, est en effet capitale : la notion, et la faculté dont elle est le résultat, c'est-à-dire la raison abstraite, ont un caractère successif. L'intuition au contraire et l'idée sont immédiates, étrangères aux limites du temps et de l'espace. La notion s'éloigne de plus en plus de la réalité qu'elle remplace par des symboles et des signes, et s'il est permis de reprendre une comparaison de Kant, l'abstraction ressemble à un banquier qui aurait beaucoup de billets sans en posséder la valeur correspondante ; l'intuition, au contraire, est la réalité même, et les idées sont de l'argent comptant. Ici Schopenhauer s'épuise en comparaisons pour mieux accuser le contraste et l'antithèse : l'abstraction, dit-il, est comme un moulin dont on entend tourner la roue, mais où l'on ne voit pas la farine ; l'abstraction, dit-il encore, est une porcelaine chinoise, et l'intuition un tableau de Raphaël, comme s'il voulait exprimer par cette image le caractère chétif et stérile des notions abstraites, et la puissance aisée de l'intuition. On peut enfin poursuivre ce parallèle en

1. *Die Welt*, tom. I, liv. III. § 49

termes métaphysiques : « l'Idée est l'unité tombée dans la pluralité conformément aux catégories de l'espace et du temps ; la notion, au contraire, est l'unité émanant de la pluralité, par l'effort de la raison abstraite ; l'une est l'*unitas ante rem* l'autre, l'*unitas post rem*[1]. » Or c'est l'intuition qui connaît les idées et la beauté, c'est elle qui fait le génie des artistes, aussi l'art véritable est-il voisin de la vie et de la nature, non sans doute qu'il s'attache à reproduire les particularités individuelles, mais il s'adresse aux forces réelles, à l'essence même des choses, à ces types agissant et tout-puissants dont l'univers phénoménal n'est que l'ombre et le reflet. Les idées sont en effet la réalité la plus pure, affranchie des défauts de l'intelligence et de la volonté, l'esprit qui les atteint, pénètre donc le secret du monde, en même temps que les mystères de la beauté, il sait que l'existence est une douleur dont on se console quelques instants par le culte de l'art, en attendant le jour de la suprême guérison.

IV

On comprend maintenant en quels termes se résume l'esthétique de Schopenhauer : la beauté, c'est l'idée elle-même. La beauté a des degrés selon que l'idée est un plus haut degré d'objectivation de la volonté, et l'homme par conséquent est le plus beau des êtres ; quant à la connaissance de la beauté et de l'idée, elle est donnée à l'intelligence dans une intuition pure. Il en résulte que l'art peut être regardé comme une interprétation de la vie : il est en effet assez désintéressé pour juger l'univers au-dessus duquel il s'élève ; et, en même temps le privilège de l'intuition esthétique lui confère le pouvoir de déchiffrer l'énigme. Tandis que la science obéit à la fois aux catégories de la représentation et aux besoins

1. *Die Welt*, tom. I, liv. III § 49.

de la volonté; l'art est presque soustrait à toute limite, et affranchi du joug de la volonté.

Schopenhauer, on se le rappelle, distingue deux sources de jouissance esthétique, selon qu'il considère l'idée qui est saisie, ou la félicité, le repos qui en résultent dans le sujet : il ajoute que ces deux plaisirs de nuance diverse, ne sont pas excités indifféremment par le même genre de beauté, mais qu'ils se succèdent l'un a l'autre, d'après une loi déterminée, à savoir le degré d'objectivation de la volonté. « Dans la beauté de la nature inorganique et des végétaux ou dans les œuvres d'architecture, la jouissance du sujet pur doit l'emporter; car ici les idées ne sont que d'humbles degrés de l'objectivité. Si au contraire ce sont les animaux et les hommes que l'art considère ou représente, la jouissance doit être plutôt dans la contemplation objective des idées où la volonté se manifeste par l'expression la plus significative [1]. L'intelligence ainsi, par l'intermédiaire de l'art, se répand à tous les degrés dans le monde. Il en résulte que si les beaux-arts, pour employer la terminologie de Kant, se distinguent les uns des autres par la *matière*, du moins ils se ressemblent et se confondent presque par la *forme* : il n'y a en réalité, qu'un seul art, celui de l'intuition pure, qu'un seul genre d'artistes, les contemplatifs; il n'y a qu'une seule méthode pour traduire la nature en représentation esthétique. Mais la nature elle-même manifeste à des degrés très différents l'objectivation de la volonté et c'est de l'inégalité de ces degrés qu'on tient compte dans la classification des beaux-arts, qui devrait plutôt se nommer la classification des idées.

Les premières idées qui aident la volonté à se manifester dans l'univers sont les idées de la matière inorganique. Ici toutefois une objection se présente : La matière, comme telle, ne peut pas être la représentation

1. *Die Welt*, tom. I, liv. III § 42

d'une idée, car elle n'existe que par la causalité et la causalité est une forme de la raison suffisante à laquelle l'idée n'est pas soumise. » Schopenhauer n'a pas de peine à résoudre la difficulté en disant que si la matière elle-même est irreprésentable, du moins « chacune des qualités de la matière est toujours l'apparence d'une idée, et, comme telle, est capable d'une considération esthétique. Cela est vrai même des qualités les plus générales sans lesquelles la matière n'existerait pas, et dont les idées sont la plus faible objectivité de la volonté, à savoir : la pesanteur, la cohésion, la fixité, la fluidité, la réaction contre la lumière. » Or c'est précisément sur ces qualités que repose l'architecture : cet art ne manifeste par conséquent que les faibles degrés d'objectivation de la volonté, aussi le plaisir qu'il excite a-t-il rapport surtout au sujet pur de connaissance ; mais par la même raison, il peut élever les sentiments de l'artiste et du connaisseur jusqu'au sublime, puisqu'il est le résultat d'une conquête pénible que l'intelligence fait sur la volonté. L'architecture est une lutte entre la pesanteur et la fixité qui se combattent, et se réconcilient par l'intermédiaire des colonnes, des piliers, des chapiteaux ; cet art d'ailleurs « n'agit pas seulement dans l'ordre mathématique, mais aussi dans l'ordre dynamique, et ce qui nous parle par sa voix, ce n'est pas seulement la forme pure et la symétrie, mais plutôt les forces fondamentales de la nature, les premières idées, les plus humbles degrés d'objectivation de la volonté[1] ». La lumière intervient enfin pour mieux accuser les proportions de l'ensemble et la finesse des détails ; elle apparait également comme le symbole de la joie que donne la contemplation pure, et les Grecs savaient quel prix ses jeux et ses caprices ajoutent à la perfection des monuments. L'architecte toutefois n'est pas libre dans son art, il est contraint d'allier en ses œuvres l'utilité à la beauté même et l'esthé-

1. *Die Welt*, tom. I, liv. III, § 42.

tique pourrait souffrir de ce mélange, si en même temps l'artiste ne trouvait une excuse dans la nécessité qui lui est imposée. N'est-ce pas, au reste, une originalité spéciale que de réunir en un même objet les caractères opposés du beau et de l'utile?

Le premier degré franchi, le monde végétal apparait, et, avec lui, l'art des jardins et le paysage qui trouve encore sa place dans le monde animal; ici se manifestent deux nouveaux progrès: les degrés d'objectivation deviennent plus élevés et partant l'élément objectif du plaisir esthétique l'emporte peu à peu sur l'élément subjectif. Déjà même commence à se montrer l'idée d'espèce, et la caractéristique des genres: un dernier progrès reste à réaliser, il s'accomplit dans l'homme. « La beauté humaine est une expression objective qui montre l'objectivation la plus parfaite de la volonté, au plus haut degré de connaissance, exprimée absolument dans une forme intuitive. » L'idée en même temps, ne représente plus seulement le genre et l'espèce, elle manifeste l'individu lui-même: « Il est à remarquer que dans les degrés intermédiaires de l'objectivité, le *caractéristique* se confond absolument avec le beau : le lion, le loup, le cheval le plus caractéristique est en même temps le plus beau. La raison en est que les animaux n'ont qu'un caractère d'espèce, sans caractère individuel. Dans l'homme, au contraire, le caractère d'espèce se sépare du caractère individuel; celui-là prend le nom de beauté, celui-ci le nom de caractère et d'expression. » On voit combien Schopenhauer se tient éloigné d'une esthétique générale, abstraite, où les représentations n'auraient qu'une valeur de symbole. De peur qu'on se méprenne sur ses intentions, il a soin de dire que l'idée se spécialise en quelque sorte dans chaque homme, et que l'idéal reste individuel. Si dans les règnes inférieurs, l'idée se confond avec le caractère spécifique, c'est qu'en réalité, malgré les principes Leibniziens, les êtres ne forment pas de véritables individus, du moins au sens esthétique, et qu'ils ne dérogent pas au type commun : dans le monde humain au contraire, il n'y a que des individus, la personne est son type à elle-même, elle a la valeur d'une idée, et comme dit Winckelmann, « le portrait même doit être l'idéal de l'individu. » « En sculpture, le principal est encore la beauté, c'est-à-dire l'objectivation de la volonté dans l'espace, et la grâce, c'est-à-dire l'objectivation de la volonté dans le temps : cet art d'ailleurs a des limites, comme le prouve la discussion de Lessing sur le Laocoon, et il convient mieux à un peuple jeune, tel qu'était le peuple grec, voisin de la nature, étranger aux raffinements dont les civilisations corrompues ressentent le besoin. En peinture, au contraire, le principal est le caractère et l'expression : Schopenhauer se rencontre sur ce point avec la plupart des philosophes et des critiques modernes, et particulièrement en Allemagne avec Schelling, Hegel, Jean-Paul Richter, qui font de la sculpture un art classique, de la peinture un art romantique. Toutefois la beauté et l'expression ou le caractère ne sauraient se nuire l'une à l'autre : « car la suppression du caractère d'espèce par le caractère individuel, ce serait la caricature, et la suppression du caractère individuel par le caractère d'espèce l'insignifiance. » La peinture est donc l'union de la beauté et du caractère : elle doit rester idéale et caractéristique, fuir également les particularités individuelles, empiriques de l'histoire, et les généralités symboliques de l'allégorie, que Winckelmann pourtant honorait d'une singulière estime. Elle est la traduction de l'idée humaine, où se mêlent à proportion égale l'idéal et l'individuel · aussi atteint-elle la perfection, lorsqu'elle essaie d'interpréter la vie, comme ont tenté de le faire certaines œuvres religieuses de l'école italienne. Schopenhauer regrette sans doute que les peintres de la Renaissance aient emprunté tous leurs sujets au cycle étroit de l'Ancien et du Nouveau Testament : mais il fait exception pour certains tableaux de Raphaël et du Corrége, où « nous voyons l'expression de la connaissance accomplie, de celle qui, loin de s'appliquer aux choses particulières, embrasse les idées, la nature essentielle du monde et de la vie ; et cette connaissance amène la résignation qui est l'esprit intime de la sagesse chrétienne. » Quand la peinture arrive à exprimer ces effets et ces sentiments, elle a épuisé ses pouvoirs; il ne reste plus après elle que la poésie et la musique.

Dans la poésie, c'est encore l'idée objective qu'il s'agit d'exprimer; mais ici la langue est abstraite, il faut que la poésie se rapproche de l'intuition par les images et les métaphores, en appelant à son aide le rythme et parfois la rime. Son grand et principal objet, c'est l'homme, dont elle fait la psychologie idéale à plus juste titre que ne pourraient le faire la biographie et l'histoire : « La poésie objective l'idée de l'homme, à laquelle il appartient de se représenter dans les caractères le plus hautement individuels. » Quant à ses différents genres, il se classent selon les progrès de la transition qui fait succéder l'objectivité à la subjectivité : à savoir la chanson, la romance, l'idylle, le roman, le poème épique, le drame ; « l'extrême opposé de l'architecture dans la série des beaux-arts est le drame, qui apporte à la connaissance les idées les plus significatives, et dans la jouissance esthétique duquel par conséquent domine le côté objectif ». Dans la poésie dramatique, chaque individu est une idée par le caractère et l'expression, et cette idée se manifeste par le choix des situations : mais le faîte de la poésie elle-même, c'est la tragédie, cet interprète fidèle de la douleur humaine. « Il est significatif, en effet, que le but de la haute poésie soit la représentation du côté effrayant de la vie, et que là nous soient montrés la douleur sans nom, le soupir de l'humanité, le triomphe de la méchanceté, la domination railleuse du hasard, la ruine coupable des innocents : n'est-ce pas une présomption significative sur la nature du monde et de l'existence? C'est la lutte de la volonté avec elle-même qui là, au plus haut degré de son objectivation, se présente effrayante. Elle se trahit par les souffrances de l'humanité; souffrances que causent en partie le hasard et l'erreur, en partie l'humanité elle-même, les volontés rivales des individus, la méchanceté et la perversité de la plupart. C'est toujours de la volonté une et identique qu'il s'agit; mais ses diverses manifestations se combattent. Dans cet individu elle est violente, dans cet autre elle est plus faible; elle est plus ou moins adoucie par la lumière et la connaissance; jusqu'à ce qu'enfin, dans un homme, cette connaissance accrue par la souffrance elle-même, atteigne le point où le rôle de la *Maïa* ne la trompe plus; la forme de l'apparence, le principe de l'individuation est pénétré par elle, l'égoïsme reposant sur ce principe meurt avec lui, les motifs autrefois si forts perdent leur puissance; il ne reste plus que le quiétisme de la volonté, la résignation, le renoncement, non-seulement à la vie, mais à tout instinct d'être. Aussi voyons-nous, à la fin des tragédies, les héros, après un long combat, une longue souffrance, renoncer pour toujours au but que jadis ils poursuivaient avec tant d'ardeur, et à toutes les jouissances de la vie: ainsi le Prince Constant de Calderon, et la Marguerite de *Faust*; ainsi Hamlet que son Horatio voudrait bien suivre; mais le prince danois lui demande de vivre encore dans ce monde pénible pour éclaircir sa destinée et purifier sa mémoire; ainsi la Pucelle d'Orléans et la Fiancée de Messine. Tous meurent, éclairés par leurs souffrances, et le désir de vivre est anéanti en eux-mêmes; telle est la vérité exprimée, dans le *Mahomet* de Voltaire, par les derniers mots que prononce Palmire mourante: « Régnez: le monde est fait pour les tyrans. » Au contraire, la fameuse doctrine de la moralité poétique repose sur une ignorance absolue de la tragédie et du monde: elle se révèle avec toute sa platitude dans les critiques que le docteur Samuel Johnson a faites des pièces de Shakespeare; il se plaint de l'indifférence du poète: qu'ont fait, dit-il, les Ophélie, les Cordelia, les Desdemone? Mais il n'y a qu'une philosophie plate, optimiste, protestante, rationaliste ou juive, qui puisse satisfaire à cette doctrine de la moralité poétique. Le vrai sens de la tragédie est cette vue profonde que les fautes expiées par le héros ne sont pas les siennes, mais les fautes héréditaires, c'est-à-dire le crime même d'exister, comme dit Calderon,

Pues el delito mayor
Del hombre es haber nacido

La poésie est, de cette façon, la véritable interprétation de la vie; elle est comme une morale esthétique, prélude de la morale proprement dite, elle est déjà l'expression de ce pessimisme qu'inspire la science de l'univers et de l'humanité; on dirait qu'elle livre le secret de l'énigme, s'il ne fallait plutôt réserver ce privilège à la musique.

« La musique est en effet très différente des autres arts: tandis que ces derniers objectivent la volonté par l'intermédiaire des idées, la musique est au-dessus des idées elles-mêmes, elle est indépendante du monde des apparences qu'elle ignore. Elle est une objectivation immédiate, une image de la volonté absolue, comme est le monde lui-même, comme sont les idées, dont l'apparence multiple constitue l'univers phénoménal. Aussi la musique n'est-elle d'aucune façon, comme les autres arts, l'image des idées ; elle est l'image de la volonté elle-même, dont les idées sont aussi l'objectivation. De là vient que l'effet de la musique est plus puissant, plus pénétrant que celui des autres arts : ces derniers ne parlent que d'ombres, elle, au contraire, parle de l'être. » Mais, « comme c'est la même volonté qui s'objective dans les idées et dans la musique, quoique d'une manière différente, il en résulte qu'à défaut de similitude complète, du moins un parallélisme, une analogie doit exister entre la musique et les idées, dont la manifestation constitue le monde visible. Cette conséquence est inévitable: aussi les progrès de la musique correspondent-ils rigoureusement aux progrès de l'objectivation et de l'idée dans la nature. « La basse fondamentale est dans l'harmonie ce qu'est dans l'univers la nature inorganique, la masse sur laquelle tout repose, et d'où tout s'élève pour s'accroître ; » c'est cette analogie que Mozart a respectée dans le dernier acte de *don Juan*, en traduisant par la basse les sentiments de la Statue de pierre. De même, les intervalles des sons peuvent être comparés aux espèces, et la transition de l'harmonie à la mélodie est comparable aux progrès que fait l'univers depuis la nature inorganique jusqu'à l'homme. Au reste, si la musique est l'image immédiate de la volonté, elle est une philosophie, et à la définition de Leibniz : « *Exercitium arithmeticæ occultum nescientis se numerare animi,* » on doit préférer la suivante : « *Musica est exercitium metaphysices occultum nescientis se philosophari animi.* » Ici Schopenhauer semble, par l'effort de sa pensée originale, renouveler certaines théories de l'antique pythagorisme ; et toutefois cette restauration savante perd son caractère archaïque si l'on songe que de notre temps même, la musique appelée par certains critiques l'art distinctif du XIXe siècle, a inspiré plus d'un système où la métaphysique paraissait se souvenir de Sébastien Bach et de Beethoven. Il faut avouer en effet que la musique, par l'universalité même des sentiments qu'elle exprime, se rapproche en quelque sorte de l'absolu : « Tandis que les notions abstraites sont les *universalia post rem*, et les réalités les *universalia in re*, la musique traduit les *universalia ante rem* ; » aussi ne doit-elle pas dégénérer de sa nature, et sa première loi, que Rossini a observée, est de ne point s'asservir aux paroles de l'opéra. Elle est et reste libre : elle est l'art le plus indépendant, le plus affranchi, celui qui représente le mieux le quiétisme esthétique de l'objectivité et de la contemplation.

« Je ne veux pas, dit en terminant Schopenhauer, prolonger ces réflexions : le but de mon ouvrage pourtant les rendait nécessaires, et l'on me blâmera moins, si l'on se rappelle l'importance trop méconnue et le haut mérite de l'art. On réfléchira que si, à notre sens, l'ensemble du monde visible n'est que l'objectivation et le miroir de la volonté, destiné à lui donner la conscience d'elle-même, et, comme nous le verrons, à lui faire espérer la possibilité de son affranchissement ; si, en même temps, le monde comme représentation indépendamment de la volonté, est le côté le plus joyeux et le seul innocent de la vie : dès lors nous pouvons considérer l'art comme le plus haut progrès, le développement le plus accompli, puisqu'il est essentiellement la même chose que le monde visible, mais concentré, achevé, et que partant, il peut être nommé, dans le vrai sens du mot, la fleur de la vie. Si en effet le monde comme représentation n'est que l'objectivation de la volonté, l'art est l'explication même de cette objectivation, la chambre obscure qui montre les objets avec plus de pureté, les laisse mieux dominer et embrasser ; c'est le spectacle dans le spectacle, la scène sur la scène d'*Hamlet*. Mais la jouissance de toute beauté, la consolation de l'art, l'enthousiasme qui fait oublier à l'artiste les peines de la vie, tout cela repose sur cette considération que la volonté et l'existence sont une souffrance aussi lamentable qu'effrayante, tandis que le monde considéré comme représentation et concentré par l'art fournit un spectacle intéressant. Ce côté de la connaissance pure et de la concentration artistique est l'élément de l'artiste ; c'est là son but, il y reste. Toutefois, ce n'est pas encore là le quiétisme de la volonté que nous verrons dans le livre suivant : l'artiste n'est en effet affranchi de la vie que pour quelques instants, l'art n'est pas un chemin pour sortir de la vie, c'est une consolation pour y rester ; jusqu'à ce qu'enfin, fatigué du jeu, on en vienne aux choses sérieuses. La sainte Cécile de Raphaël est comme le symbole de cette transition de l'art à la morale [1].

1. *Die Welt als Wille* u. s. w., tom. I, liv. III, § 52.

CHAPITRE VI

LA MORALE

I

On considère généralement la morale comme la partie pratique de la philosophie ; mais pour Schopenhauer, la philosophie tout entière est théorique, la morale comme le reste. « La vertu ne s'apprend pas plus que le génie ; les notions abstraites sont aussi infructueuses pour elle que pour l'art. Il serait aussi insensé de croire que nos systèmes de morale et nos éthiques produiront des gens vertueux et des saints, que de penser que nos esthétiques feront naître des poètes, des musiciens et des peintres. » En morale, comme ailleurs, le philosophe n'a qu'une chose à faire : prendre les faits tels qu'ils lui sont donnés *in concreto*, c'est-à-dire tels que chacun les sent (*als Gefühl*), les interpréter, les éclaircir par la connaissance abstraite de la raison.

« D'après tout ce qui précède, on ne s'attendra pas sans doute à trouver dans ce traité d'éthique, soit des préceptes, soit une théorie des devoirs, soit un principe universel de morale qui serait comme le réceptacle général d'où sortent toutes les vertus. Nous ne parlerons non plus ni de « devoir inconditionné ; » ni d'une « loi de la liberté ; » car l'un et l'autre renferment une contradiction. Nous ne parlerons en aucune façon de devoir: cela est bon pour les enfants et les peuples dans leur enfance; mais non pour ceux qui se sont approprié la culture qu'on possède à l'âge de la majorité [1]. »

Voyons d'abord comment la morale de Schopenhauer se rattache au principe de sa philosophie et comment elle s'en déduit.

La volonté qui, prise en elle-même, est un désir aveugle et inconscient de vivre, après s'être développée, dans la nature inorganique, le règne végétal et le règne animal, arrive dans le cerveau humain à la conscience claire d'elle-même. Alors se produit un fait merveilleux. L'homme comprend que la réalité est une illusion, la vie une douleur; que le mieux pour la volonté, c'est de se nier elle-même; car du même coup tombent l'effort et la souffrance qui en est inséparable. Il n'y a pas en effet d'autre alternative: il faut ou bien que la volonté prenant au sérieux tout le monde qui l'entoure, veuille maintenant avec une connaissance pleine et entière, ce qu'elle n'avait voulu jusque-là que sans connaissance, comme appétit aveugle, et qu'elle s'attache de plus en plus à la vie: c'est l'affirmation du vouloir-vivre (*die Bejahung des Willens zum Leben*); — ou bien il faut que la volonté, éclairée par la connaissance du monde, cesse son vouloir; et que, dans tous les phénomènes qui la sollicitent à agir, elle trouve non des motifs d'action, mais des empêchements et des apaisements, pour arriver ainsi à la liberté parfaite par le repos: c'est la négation du vouloir vivre (*die Verneinung des Willens zum Leben*).

Nous sommes ici en plein Orient. Toutes les écoles philosophiques de l'Inde, orthodoxes ou hérétiques, depuis le système Védanta jusqu'au Sânkhya athée de Kapila n'ont qu'un seul et même but: la libération. Elle s'obtient par deux moyens inséparables; la science et l'inaction; savoir que tout n'est rien et en conséquence

1. *Die Welt*, etc., tom. I, § 53.

ne pas agir. « C'est par l'effet des formes trompeuses de Maya (l'illusion) que le principe intelligent paraît revêtu de tant de formes... mais la contemplation est comme un glaive avec lequel les hommes sages tranchent le lien de l'action qui enchaîne la conscience. » (*Bhâgavata-Pourana.*)

Cette antithèse entre l'affirmation du vouloir-vivre et la négation du vouloir-vivre est le point le plus élevé de la morale de Schopenhauer; c'est de là qu'il juge et classe les actions humaines.

Au plus bas degré est l'égoïsme qui est l'affirmation ardente du vouloir-vivre, source de toute méchanceté et de tout vice. Dupe d'une erreur qui lui fait prendre sa personne pour une réalité durable et le monde des phénomènes pour une existence solide, l'égoïste sacrifie tout à son moi[1]. Aussi la vie sous cette forme de l'individualisme effréné n'a aucun caractère moral.

Il faut au contraire, pour entrer dans le domaine de la moralité, reconnaître que le moi n'est rien, que le principe d'individuation n'a qu'une valeur illusoire ; que la diversité des êtres a sa racine dans un même être, que tout ce qui est, manifeste la volonté. « Celui qui a reconnu cette identité de tous les êtres ne distingue plus entre lui-même et les autres ; il jouit de leurs joies comme de ses joies ; il souffre de leurs douleurs comme de ses douleurs . tout au contraire de l'égoïste qui faisant entre lui-même et les autres la plus grande différence, et tenant son individu pour seul réel, nie pratiquement la réalité des autres. » La base de la morale c'est donc la sympathie, ou comme le dit encore Schopenhauer, la compassion (*Mitleid*), la charité (*Menschenliebe*). « La compassion est ce fait étonnant, mystérieux, par lequel nous voyons la ligne de démarcation qui, aux yeux de la raison, sépare totalement un être d'un autre, s'effacer et le non moi devenir en quelque façon le moi. La pitié seule est la

1. « L'affirmation du vouloir vivre et la racine du monde phénoménal, de la diversité des êtres, de l'individualité, de l'égoïsme, de la haine, et de la méchanceté. » *Die Welt*, etc., tom. II, ch. 48.

base réelle de toute libre justice et de toute vraie charité[1]. » De même si la justice est réputée la première des vertus cardinales, « c'est qu'elle est un premier pas vers la résignation ; car, sous sa forme vraie, elle est un devoir si lourd, que celui qui s'y donne de tout son cœur doit s'offrir en sacrifice : elle est un moyen de se nier et de nier son vouloir-vivre[2].

Ainsi la pitié est la source commune de la justice et de la charité, du *neminem lœde* et du *omnes juva* · mais elle n'est pas encore le point culminant de la morale. On ne l'atteint que par la négation complète du vouloir-vivre, par l'ascétisme, tel que les saints, les anachorètes, les pénitents des religions de l'Inde et du christianisme l'ont pratiqué. Et le plus haut degré de l'ascétisme, c'est la chasteté volontaire et absolue. « De même que dans la satisfaction de l'appétit sexuel s'affirme la volonté de vivre de l'individu ; de même l'ascétisme en empêchant la satisfaction de cet appétit nie cette volonté de vivre ; et montre par là qu'avec la vie de ce corps, la volonté dont il est l'apparence, cesse aussi. »

Cette morale, si bizarre qu'elle soit, suppose, comme on le voit, la liberté. Mais sous quelle forme et dans quel sens ?

Si la volonté n'était pas libre, la négation du vouloir-vivre serait impossible, et le monde ne serait jamais délivré du péché et de la douleur. Mais l'exemple des saints de tous les temps montre que cette libération est possible, en fait. La liberté n'est donc pas un rêve. Ce qui est un rêve, c'est à la manière vulgaire, de la chercher dans le monde des phénomènes : « C'est dans l'être et non dans l'action qu'est la liberté. » (*Im esse nicht im operari liegt die Freiheit.*) Notons ce principe fondamental que Schopenhauer répète à chaque instant. La volonté doit être considérée de deux manières : comme chose en soi et comme phénomène. Comme chose en soi, elle est libre. Ce monde avec tous ses phénomènes

1. *Die beiden Grundprobleme der Ethik*, S. 212.
2. Ibid., 214.

est l'objectivation de la volonté qui, elle, n'est pas un phénomène, ni une idée, ni un objet, mais une chose en soi, non soumise au principe de raison suffisante, forme de tout objet, non soumise au rapport de conséquence à principe ; comme telle elle ne connaît aucune nécessité, c'est-à-dire *qu'elle est libre*. Le concept de liberté est ainsi à proprement parler purement négatif, puisqu'il ne contient que la négation de la nécessité, c'est-à-dire d'un rapport de principe à conséquence suivant l'axiome de raison suffisante ». — Mais la volonté comme phénomène, comme objet, est nécessairement et invariablement prise dans la chaîne des principes et des conséquences, des effets et des causes, laquelle ne souffre aucune interruption. La loi de la nature, c'est le déterminisme absolu. L'homme est, comme toute autre partie de la nature, une objectivation de la volonté ; par conséquent il est soumis à cette loi, « De même que toute chose dans la nature a ses propriétés et qualités qui, sous une action déterminée, donnent une réaction déterminée et font connaître son caractère ; de même l'homme a son *caractère*, dont les motifs provoquent ses actes avec nécessité. »

Maintenant la formule de Schopenhauer peut être comprise. L'homme n'est pas seulement un groupe d'apparences liées dans le temps et l'espace par la causalité ; il est une manifestation de la chose en soi, de l'être, et comme tel il a en elle sa réalité. En tant qu'il agit (*operari*) il n'est qu'un phénomène comme les autres et comme eux nécessité. En tant qu'il est (*esse*) il est en dehors du temps, de l'espace, de la causalité, de toutes les formes de la nécessité. Donc il est libre. Donc *im esse nicht im operari liegt die Freiheit*. Ainsi se réconcilient la liberté et la nécessité. L'homme est absolument libre comme chose en soi, dans son caractère intelligible ; absolument nécessité comme phénomène, dans son caractère empirique. « La liberté morale ne doit pas être cherchée dans la nature, mais hors de la nature. Elle est métaphysique, mais impossible dans le monde physique. Par suite nos actes ne sont pas libres ; tandis qu'il faut regarder le caractère de chacun comme son acte libre. Il est tel parce que, une fois pour toutes, il veut être tel. Car la volonté en elle-même et en tant que se manifestant dans un individu et constituant son vouloir primitif et fondamental, est indépendante de toute connaissance, puisqu'elle lui est antérieure. Elle ne tient de la connaissance que les motifs suivant lesquels elle développe successivement son essence et se fait connaître ou se rend sensible ; en elle-même, comme située en dehors du temps, elle est immuable [1]. » Mais alors si les actes dépendent du caractère qui est fixé une fois pour toutes, à quoi serviront l'éducation et les préceptes? Schopenhauer reprend la question posée par Platon : si la vertu peut s'apprendre ; il la résout négativement ; et il se plaît à répéter avec Sénèque qu'on n'apprend pas à vouloir : *Velle non discitur.*

Son étude sur le caractère nous permet de pénétrer encore mieux dans sa doctrine. Quoique métaphysicien, Schopenhauer nous paraît ici montrer la voie à la psychologie expérimentale qui a beaucoup à faire dans ce sens. « Un botaniste, dit-il, sur une seule feuille reconnaît toute la plante ; Cuvier avec un seul os reconstruit l'animal entier ; on peut de même avec un seul acte caractéristique, obtenir la connaissance exacte du caractère d'un homme. »

Il distingue dans tout homme le caractère intelligible, le caractère empirique, et le caractère acquis. La distinction des deux premiers est, comme on le sait, due à Kant.

Le caractère intelligible, c'est l'individu dans son *esse*, comme chose en soi, en dehors des formes de l'intuition. Le curieux, c'est que Schopenhauer admet sans l'expli-

1. *Parerga und Paralipomena*, II, § 117.

quer que l'individualité est supérieure aux phénomènes et peut exister sans eux ; « L'individualité ne repose pas seulement sur le principe d'individuation ; et par suite elle n'est pas entièrement un pur phénomène ; mais elle a sa racine dans la chose en soi, dans la volonté de l'individu ; car son caractère même est individuel. Jusqu'à quelle profondeur va cette racine ? Cela appartient à un ordre de questions auxquelles je n'entreprends pas de répondre [1]. »

Le caractère empirique est la manifestation du caractère intelligible. C'est au sens ordinaire du mot, la marque propre à chaque individu. Quoique supérieur à l'intelligence, il n'arrive que par elle à la conscience. « L'influence que la connaissance, comme *medium* des motifs a, non sur la volonté elle-même, mais sur sa manifestation par des actes, est la principale base des différences entre les actes de l'animal et ceux de l'homme : le mode de la connaissance diffère dans les deux cas ; l'animal n'ayant que des intuitions ; l'homme, grâce à la raison, ayant des concepts abstraits. Quoique l'homme et l'animal soient déterminés par les motifs avec une égale nécessité, l'homme a sur l'animal la supériorité de pouvoir *délibérer* : ce qui dans des actes individuels a été souvent pris pour un libre arbitre de la volonté ; quoique ce ne soit qu'un conflit entre plusieurs motifs, dont le plus fort cause une détermination nécessaire.[2] »

Le caractère acquis est « celui qui s'obtient ans le cours de la vie, par le commerce du monde et dont on veut parler, quand on loue un homme d'avoir du caractère, quand on blâme un homme de n'en pas avoir. A la vérité, on pourrait penser que le caractère empirique comme manifestation du caractère intelligible est immuable et, comme tout phénomène de la nature, conséquent avec lui-même ; que l'homme aussi doit paraître

1. *Parerga und Paral.*, II, § 117.

2. *Die Welt als Wille* u. s. w., tom. I, § 55; *Parerga und Par.* tom. II, § 119

conséquent avec lui-même et que, par suite, il n'a pas besoin par l'expérience et la réflexion d'acquérir un caractère artificiel. Il en est tout autrement ; et quoique chaque homme reste toujours le même, il ne se connait pas toujours, souvent même il se méconnaît, jusqu'à ce qu'il ait acquis à un certain degré la connaissance de lui-même. » Les actions humaines sont donc en définitive la résultante de deux facteurs : le caractère et les motifs ; et la conduite humaine peut se comparer sans trop d'inexactitude au cours d'une planète qui est la résultante de deux forces données, la force tangentielle et la force centripète : la première force représentant le caractère, la seconde l'influence des motifs.

Tels sont les traits généraux de la doctrine de Schopenhauer sur la liberté. Innéité du caractère et « de toutes les véritables qualités morales, bonnes ou mauvaises »; c'est là une thèse « qui s'accorde beaucoup mieux avec la métempsycose des brahmes et des bouddhistes qu'avec le judaïsme, lequel admet que l'homme en venant au monde est un zéro moral, et que là, en vertu d'une inintelligible liberté d'indifférence, il devient par réflexion un ange, ou un diable, ou quelque chose d'intermédiaire. » *Velle non discitur*, ne l'oublions jamais. Mais pourquoi tel vouloir plutôt que tel autre? La liberté est un mystère, disait Malebranche. Schopenhauer conclut comme lui.

Examinons maintenant les détails les plus originaux de sa morale.

II

On lit dans les *Memorabilien* que Schopenhauer considérait sa *Metaphysik der Geschlechtsliebe* comme « une perle » : plus d'un lecteur sera de son avis. Là, il a osé aborder le redoutable problème de l'amour, ce thème éternel de toute poésie, mais qui semble avoir fait peur aux philosophes, et que seuls, depuis Platon, quelques mystiques ont effleuré de leurs ailes. Il s'est proposé d'en parler sensément, en termes intelligibles, sans effusions et sans métaphores ; et de le ramener scientifiquement à un principe fondamental, réductible lui-même au principe dernier de sa métaphysique. Il a pensé qu'en poursuivant les innombrables manifestations de l'amour à travers tout ce qui vit, sent ou pense, à travers le règne animal, l'histoire et la vie de chaque jour ; depuis le phénomène le plus grossier jusqu'à ces émotions ineffables que la poésie et la musique elle-même sont impuissantes à traduire tout entières, il n'était pas impossible d'en trouver la source commune et de dire, en le prouvant : Tout cela sort d'ici.

Avant d'essayer l'analyse de ce chapitre écrit avec la finesse et la pénétration d'un moraliste accompli, il faut montrer clairement le principe philosophique qui lui sert de base et qui forme le lien logique entre ces faits, ces citations, ces remarques piquantes, ces traits humoristiques jetés comme au hasard.

La volonté, nous l'avons vu plusieurs fois, a une tendance aveugle à vivre, à produire, à perpétuer la vie. L'expression permanente de cette tendance aveugle, c'est l'espèce ; car l'individu n'a qu'une éphémère réalité. Chaque espèce exprime partiellement, à sa manière, cet effort éternel du principe aveugle qui *veut vivre*. Mais l'espèce comment est-elle possible ? par la génération. Et la génération comment est-elle possible ? par l'amour. Ainsi, amour, génération, tendance à vivre : c'est tout un. L'amour est une passion *spécifique ;* l'individu n'est qu'un instrument ; la nature l'éblouit par une illusion décevante pour arriver à ses fins : perpétuer la . « L'instinct sexuel est le cœur même de la volonté de vivre et par conséquent la concentration du vouloir tout entier ; c'est pourquoi j'appelle les organes sexuels le foyer du vouloir. » Et cette vérité métaphysique a son corrélatif physiologique. De même que l'instinct sexuel est le désir des désirs ; de même aussi la liqueur séminale « est la sécrétion des sécrétions, la quintessence des liquides, le dernier résultat des fonctions organiques [1]. »

Telle est la thèse fondamentale de Schopenhauer : les détails qui vont suivent la feront mieux comprendre dans son entier.

Tout amour si éthéré qu'il puisse être, a sa raison dans l'instinct sexuel. Le but réel de tout roman d'amour, quoique les intéressés n'en aient pas conscience, c'est la procréation d'un certain enfant, déterminé. Le reste n'est que broderie et qu'accessoire. C'est la génération future qui par l'instinct si puissant de l'amour et à travers ses souffrances, fait effort pour arriver à l'existence. « La passion croissante de deux amants l'un pour l'autre n'est à proprement parler que la volonté de vivre du nouvel individu qu'ils peuvent et veulent procréer... Ce qui dans la conscience individuelle se révèle comme instinct sexuel d'une manière générale et sans avoir pour objet un individu déterminé de l'autre sexe, c'est là la volonté de vivre, prise en soi, d'une manière absolue. Mais ce qui se révèle dans la conscience comme instinct sexuel ayant pour objet un individu déterminé, c'est la volonté prise en soi, sous la forme d'un individu parfaitement déterminé qui tend à la vie. »

Tout ce que l'amour fait faire à la génération présente est en vue de la génération future : c'est la *meditatio compositionis generationis futuræ, e qua iterum pendent innumeræ generationes*. Il ne s'agit ici ni du bien ni du mal de l'individu, mais de l'existence même de l'espèce ; et c'est ce but si élevé qui donne à l'amour son caractère

1. *Die Welt*, etc., tom. II, ch. 42. Au sens interne ou psychologique dit encore Schopenhauer, la volonté est la racine de l'arbre et l'intelligence en est la cime. Au sens externe ou physiologique, les organes sexuels sont la racine et la tête en est la cime. A la vérité ce qui nourrit l'individu, ce sont ses organes digestifs : néanmoins les organes sexuels sont la racine, car c'est par eux que l'individu est en connexion avec son espèce et qu'il est enraciné en elle. (Ibid.)

pathétique et sublime et qui en fait un thème si intéressant pour toute poésie, pour tous les temps, pour tous les peuples : c'est l'espèce qui parle à l'espèce.

L'égoïsme est si profondément enraciné dans le cœur de tout individu, que les fins égoïstes sont les seules vers lesquelles il tende naturellement. Mais l'espèce a sur l'individu un droit plus élevé que la fragile individualité n'a elle-même ; aussi la nature pour arriver à ses fins, crée dans l'individu une illusion par laquelle il prend pour son propre bien ce qui est en réalité le bien de l'espèce. Cette illusion c'est *l'instinct.* L'amour pour être bien compris doit être rapproché de l'instinct. Car évidemment le soin avec lequel l'insecte cherche sans trêve ni relâche une fleur, un fruit, un fumier, un morceau de chair, ou, comme l'ichneumon, la larve d'un autre insecte pour y déposer ses œufs et les déposer là seulement, n'est comparable que à la peine que l'homme se donne pour posséder une certaine femme qu'il a choisie en vue de la satisfaction sexuelle : but qu'il poursuit souvent en dépit de toute raison, au prix de son pouvoir, de son honneur, de sa vie, par le crime, l'adultère, le viol : et tout cela pour obéir à la volonté souveraine de la nature, pour servir le but de l'espèce, quoi qu'il en coûte à l'individu.

L'existence et le bien de l'espèce ; c'est par ce principe que les faits les plus divers s'expliquent dans l'amour. Ainsi chez l'homme l'amour suppose un choix ; mais ce choix est guidé par des considérations qui ont toutes pour fin inconsciente, le bien de l'espèce. L'âge propre à la génération, la santé, la constitution vigoureuse du squelette et des muscles, enfin la beauté du visage : voilà ce que nous recherchons au point de vue physiologique. Et chacune de ces conditions n'a pour but que de réaliser le type de l'espèce, c'est-à-dire sa beauté. — Il y a aussi des considérations inconscientes, par suite difficiles à dire exactement, qui guident le choix de la femme et découlent toutes du même principe. La femme préfère les hommes de 30 à 35 ans, quoique la beauté virile s'épanouisse plutôt chez les jeunes gens. Pourquoi? parce qu'elle est guidée par un instinct qui reconnaît que chez les hommes de cet âge la force génératrice est à son apogée. Elle pardonne à l'homme les difformités, la laideur. Pourquoi ? Parce qu'elle sent qu'elle peut les neutraliser et ramener dans l'enfant le type de l'espèce. Il n'y a qu'une chose que la femme ne puisse tolérer ; c'est un homme efféminé, un homme-femme ; parce qu'il y a là un défaut qu'elle ne peut compenser [1].

Le choix dans l'amour n'est pas guidé seulement par des considérations physiologiques : il a ses raisons psychologiques. Ce qui plaît surtout à la femme dans l'homme, ce sont les qualités du cœur et du caractère : comme l'énergie de la volonté, la fermeté, le courage. Les qualités intellectuelles n'ont pas sur elle d'influence. La bêtise ne nuit pas près des femmes. Ce serait plutôt le génie qui pourrait leur déplaire comme une monstruosité. Il n'est pas rare de voir un homme pesant et grossier supplanter près d'elles un homme plein d'esprit et en

1. Le jugement que Schopenhauer porte sur les femmes (*Parerga und Paral.*, tom. II, ch, 27.) est sévère jusqu'à l'injustice. Il se résume à peu près dans cette citation de Chamfort que nous lui empruntons : « Les femmes sont de grands enfants... elles sont faites pour commercer avec nos faiblesses, avec notre folie, mais non avec notre raison. Il existe entre elles et les hommes des sympathies d'épiderme et très peu de sympathies d'esprit, d'âme et de caractère. » Il est remarquable que Schopenhauer qui connaissait très bien Chamfort ne cite nulle part le passage suivant qui contient en germe toute sa métaphysique de l'amour. « La nature ne songe qu'au maintien de l'espèce ; et, pour la perpétuer, elle n'a que faire de notre sottise. Qu'étant ivre, je m'adresse à une servante de cabaret ou à une fille, le but de la nature peut être aussi bien rempli que si j'eusse obtenu Clarisse après deux ans de soins ; au lieu que ma raison me sauverait de la servante, de la fille et de Clarisse même peut-être. A ne consulter que la raison, quel est l'homme qui voudrait être père et se préparer tant de soucis pour un long avenir ? Quelle femme, pour une épilepsie de quelques minutes, se donnerait une maladie d'une année entière ? La nature, en nous dérobant à notre raison, assure mieux son empire : et voilà pourquoi elle a mis de niveau sur ce point Zénobie et sa fille de basse-cour, Marc-Aurèle et son palefrenier. »

tout digne d'amour. C'est que, dans ce choix de la femme, ce qui prédomine ce n'est pas la raison, mais l'instinct ; et dans le mariage il s'agit non d'instruction intellectuelle, mais de procréation d'enfants. Dire que souvent une femme spirituelle et instruite apprécie l'esprit dans un homme, et qu'un homme raisonnable s'inquiète du caractère de sa fiancée, cela ne fait rien à la question qui nous occupe : car là il s'agit d'un choix raisonnable, non de l'amour passionné qui est notre thème.

Ce sont là les raisons absolues et générales qui règlent tout choix en amour ; il y en a d'autres relatives et particulières qui ont pour but de rectifier et de corriger les déviations naturelles et d'en revenir à l'expression pure du type. « Les deux personnes doivent se neutraliser l'une l'autre, comme l'acide et l'alcali se neutralisent en un sel. » Les physiologistes savent que chez l'homme, il y a tous les degrés possibles de virilité ; de même chez la femme. Il faut qu'au degré précis de virilité chez l'homme corresponde un degré analogue chez la femme. Par suite l'homme qui est le plus homme cherchera la femme qui est le plus femme et *vice versa*. C'est une remarque vieille comme le monde que les contraires s'attirent, que les bruns aiment les blondes et les petits hommes les grandes femmes. L'instinct sexuel cherche ainsi à rétablir le type primitif par la neutralisation des contraires. — Quand l'amant et l'amante, quand le fiancé et la fiancée sont en présence, voyez avec quel soin, quelle minutie, quelle scrupuleuse critique, chacun des deux regarde l'autre dans les moindres parties de son corps. Il se passe là une profonde et mystérieuse opération ; « c'est la méditation du génie de l'espèce, » qui toujours préoccupé de la génération future, pense à l'individu qui peut naître de ces deux amoureux. Et souvent il arrive que l'amour qui avait toujours été grandissan jusqu'alors tombe subitement, à la suite de quelque découverte inattendue. Ainsi le génie de l'espèce s'en va toujours actif et infatigable, méditant toujours sur la génération future, chez tous ceux qui sont aptes à la procréer.

L'irrésistible puissance de l'amour ne prouve-t-elle pas aussi à sa manière que l'individu n'y est pour rien? Le désir ardent de l'amour dont les poètes de tous les temps ont parlé de mille manières, ce désir passionné qui attache à la possession d'une certaine femme l'idée d'un bonheur infini, et une douleur indicible à la pensée qu'on ne la possédera pas : ce désir passionné et cette douleur ne peuvent pas naître des besoins d'un individu éphémère; mais c'est le soupir du génie de l'espèce qui, là, trouve ou perd le seul et unique moyen qu'il ait d'arriver à ses fins. L'espèce seule a une vie sans fin et par suite un désir sans fin, une satisfaction sans fin et une douleur sans fin. Et tout cela est emprisonné dans le cœur étroit d'un mortel. Quoi d'étonnant donc lorsqu'il lui semble qu'il va crever, qu'il ne puisse trouver une expression pour traduire le pressentiment d'une ivresse infinie? C'est là ce qui fournit sa matière à la plus haute poésie érotique, lorsqu'elle se perd en métaphores transcendantes, planant au-dessus de tout ce qui est terrestre. C'est là ce qui explique les douleurs de Pétrarque, de Saint-Preux, de Werther, de Jacopo Ortis. Et c'est en se plaçant à ce point de vue supérieur de l'intérêt de l'espèce et de son invincible désir, qu'on peut dire avec Chamfort : « Quand un homme et une femme ont l'un pour l'autre une passion violente, il me semble toujours que quels que soient les obstacles qui les séparent, un mari, des parents, etc., les deux amants sont l'un à l'autre *de par la nature*, qu'ils s'appartiennent *de droit divin* malgré les lois et les conventions humaines. »

C'est le sentiment de la haute importance de leur mission qui élève les amants au-dessus de ce qui est terrestre, et qui donne à leurs désirs très physiques un vêtement hyperphysique, et qui fait que l'amour est un épisode poétique, même dans la vie de l'homme le plus prosaïque. Le masque dont le génie de l'espèce se couvre pour tromper l'individu, c'est l'attente d'un bonheur sans fin dans la satisfaction de son amour : chimère si rayonnante que celui qui ne peut l'atteindre tombe dans le plus profond dégoût de la vie et ne cherche qu'à mourir : car en ce cas l'individu est un vase trop fragile pour supporter le désir infini de la volonté de l'espèce, concentré sur un objet déterminé. La seule issue alors c'est le suicide ; les Werther et les Jacopo Ortis n'existent pas seulement dans les romans : chaque année, en Europe, il en meurt une demi-douzaine ; *sed ignotis perierunt mortibus illi*, et leurs souffrances n'ont pour toute chronique qu'un procès-verbal administratif ou quelques lignes de Nouvelles dans un journal.

Cet antagonisme si profond, dans l'amour, entre l'individu et l'espèce, lors même qu'il n'aboutit pas jusqu'au sacrifice de la personne, lui inflige au moins un long martyre. Les mariages d'amour sont conclus dans l'intérêt de l'espèce, non de l'individu. Les amants croient agir dans le sens de leur propre bonheur ; mais la fin réelle qui les rapproche, c'est la naissance de l'individu qui n'est possible que par eux. Aussi en thèse générale, les mariages d'amour sont malheureux :

Quien se casa por amores
Ha de vivir con dolores,

dit le proverbe espagnol : la génération présente s'est sacrifiée pour la génération future. Il en est tout au contraire pour les mariages de convenance, réglés par la volonté des parents. Ici ce qu'on cherche, c'est le bonheur de la génération présente, aux dépens de la génération future. L'homme qui en se mariant pense plutôt à l'argent qu'à une satisfaction d'amour, vit plutôt dans son individu que dans son espèce. Tandis que la jeune fille qui, malgré le conseil de ses parents, contrairement à toute convenance, suit son penchant instinctif, offre en sacrifice au génie de l'espèce son bonheur individuel. Elle a agi dans le sens de la nature, c'est-à-dire de l'espèce, ses parents agissaient dans le sens de l'égoïsme, c'est-à-dire de l'individu.

On a dû être frappé en lisant ce qui précède de la rigoureuse logique qui régit cette théorie de l'amour. On a vu aussi Schopenhauer expliquer par un seul principe un grand nombre de faits et de problèmes. Mais le triomphe de la méthode scientifique, c'est de faire rentrer sous la loi posée des faits qui semblent en complète contradiction avec elle. C'est ce que Schopenhauer a essayé, pensant que c'était là en faveur de sa thèse une contre-épreuve frappante.

Il y a, en effet, une difficulté grave qu'on peut élever contre sa doctrine. On peut lui dire : Vous prétendez que l'amour est un instinct spécifique dont la cause et la fin c'est la procréation de l'espèce. Comment expliquez-vous alors les phénomènes que l'on a appelé l'amour contre nature ? Si cette dérogation à votre loi était un fait isolé, nous n'en voudrions rien conclure ; mais elle a été assez fréquente pour que vous ne refusiez pas d'en tenir compte et de l'examiner.

Schopenhauer avoue de bonne grâce que l'objection est considérable. Il reconnaît que ce fait est de tous les temps et de tous les lieux, que l'Inde et la Chine, la Grèce et Rome, les peuples musulmans comme les peuples chrétiens l'ont connu ; que cette forme de l'amour a été célébrée par les poètes, par Anacréon comme par Saadi. Mais, à son avis, cette déviation même de l'amour corrobore sa thèse.

L'instinct a ses erreurs. La mouche à vers *(musca vomitoria)* au lieu de déposer ses œufs, conformément à son instinct, dans la chair putréfiée, les dépose sur les fleurs de l'*Arum dracunculus*, trompée par l'odeur cadavéreuse de cette plante. L'amour contre nature est une erreur analogue de l'instinct sexuel ; il a pour cause et pour fin le bien même de l'espèce avec lequel on le juge pourtant contradictoire. Pour le comprendre, il faut toujours se rappeler que la « nature qui ne connaît que ce qui est physique, nullement ce qui est moral » n'est occupée que du maintien de l'espèce et de son vrai type. Par suite elle tend à éloigner de l'acte de la génération tous ceux qui y sont impropres, soit par excès de jeunesse, soit par excès de vieillesse, soit par débilité sexuelle. Elle leur donne le change. Qu'on remarque, en effet, que c'est dans cette catégorie d'êtres que se rencontre l'amour contre nature. La nature mise dans le grand embarras ou d'anéantir un instinct indestructible ou d'amener la dépravation de l'espèce, a recours à un stratagème; « elle se construit un pont aux ânes » pour de deux maux empêcher le plus grand. « Car elle a devant les yeux un but important, prévenir des générations malheureuses qui pourraient peu à peu dépraver l'espèce entière ; et comme nous l'avons vu, elle n'est pas scrupuleuse dans le choix des moyens. L'esprit qui la conduit ici est le même qui la fait pousser la guêpe à tuer ses petits : dans les deux cas, elle choisit le mauvais pour éviter le pire : elle induit en erreur l'instinct sexuel, pour déjouer ses conséquences ruineuses. »

On nous pardonnera d'avoir exposé avec quelques détails cette théorie de l'amour, unique dans l'histoire de la philosophie. A voir le rôle prépondérant que cette passion joue dans les choses humaines, il faut avouer que les philosophes ont manqué à leur tâche, en s'en occupant si peu. Car, même en supposant, — ce qui est douteux, — que ce rôle prépondérant soit dû à une illusion incurable de l'humanité ; il n'en faudrait pas moins trouver la cause de cette erreur et dire pourquoi l'humanité y est toujours prise. Schopenhauer a apporté une masse considérable d'éléments pour la solution du problème. A nos yeux, un grand mérite que ses hypothèses métaphysiques ne doivent pas faire oublier, c'est d'avoir placé la question sur un terrain scientifique. Il a essayé de ramener toutes les manifestations de l'amour à un fait physiologique, à l'une des fonctions fondamentales de la vie. Trop préoccupé de son principe, peut-être n'a-t-il pas assez vu ce qui s'y ajoute dans les formes les plus élevées de l'amour.

Il serait utile que le travail inauguré par lui, fût continué. Tant que cette lacune ne sera pas comblée, il ne sera guère possible de construire une psychologie des passions. Peut-être y aurait-il pour cette étude quelque profit à tirer d'un mythe de Platon qui ne semble d'abord qu'un jeu d'esprit. On sait qu'Aristophane prétend dans le *Banquet*, que notre espèce à l'origine était hermaphrodite, que depuis elle s'est dédoublée et que par suite chacune des moitiés cherche l'autre. On pourrait donner à ce mythe un sens raisonnable, à l'aide d'une transformation physiologique. Il signifierait qu'il faut une étude préalable de la sexualité, de ses conditions et de ses caractères pour comprendre quelque chose à l'amour. Car tandis que les autres fonctions vitales (nutrition, évolution, etc.,) sont propres à chaque individu, la génération dont l'amour est le corrélatif psychologique, présente ce caractère tout particulier d'être une fonction divisée entre deux individus. Ne pourrait-on pas par là entrevoir le secret de cette unification mystérieuse qui est au fond de tout amour ? D'un autre côté, l'anatomie comparée nous apprend que la séparation des sexes n'est qu'un résultat de la division du travail ; que dans les formes inférieures, la génération ne suppose pas de sexe ou n'en suppose pas la division. Bien mieux ; même où cette division a lieu, la différence n'est pas aussi radicale qu'on le pense. Huber a montré qu'une larve d'abeille-ouvrière, nourrie de la gelée des reines, devient une femelle complète et peut pondre. Hunter et Darwin ont cité des faits analogues, même pour les animaux supérieurs. Tout cela viendrait assez à l'appui de la thèse de Schopenhauer ; l'amour c'est l'espèce, l'individu n'est qu'un instrument.

On peut regretter qu'il n'ait rien dit de l'évolution

ascendante de l'amour, qu'il n'ait pas montré comment les deux faces de l'amour, l'une organique, l'autre psychologique, sont en corrélation variable : si bien qu'au plus bas degré, il n'y a guère qu'un instinct brut ; plus haut une harmonie parfaite entre ce qui est physique et mental ; plus haut encore un effacement progressif, quoique jamais complet, du physique (Pétrarque, Dante, l'amour platonique), jusqu'à ce point où il est *presque* juste de dire avec Proudhon : « Chez les âmes d'élite, l'amour n'a pas d'organes. »

Schopenhauer a procédé partout en *biologiste* : aussi la plupart des critiques ont-ils trouvé trop physique sa théorie de l'amour. Il eût été plus juste de reconnaître qu'il a donné ce que son titre promettait : une métaphysique de l'amour sexuel. Nous l'avons vu reconnaître ailleurs, sous les noms d'amour pur, de pitié, de charité une forme plus haute pour laquelle la libération de l'homme s'accomplit.

III

« Voyez-vous ces amants qui se cherchent si ardemment du regard ? pourquoi sont-ils si mystérieux, si craintifs, si semblables à des voleurs ? — C'est que ces amants sont des traîtres qui là, dans l'ombre, cherchent à perpétuer la douleur et les angoisses : sans eux, elles prendraient fin. Mais cette fin, ils veulent l'empêcher, comme leurs semblables l'ont déjà fait. » L'amour est un grand coupable, puisqu'en perpétuant la vie, il perpétue la douleur.

Schopenhauer est l'un des pessimistes les plus originaux, les plus convaincus qui se rencontrent dans l'histoire de la philosophie. Il l'est foncièrement, non par boutade, à la façon de Voltaire et des autres qu'il se plaît à citer. Le paradoxe voulu n'atteindrait pas cette vigueur de peinture, cette verve humoristique qui ne s'épuise pas. Il est d'une abondance surprenante sur ce thème de nos souffrances. Il a l'esprit plein d'observations et de faits concluants, recueillis partout : de citations empruntées aux poëtes de tous les temps, depuis Hésiode et Théognis jusqu'à l'*Hymne à la douleur* de Lamartine et aux imprécations de Byron. Il ressent comme une joie âpre à étaler les misères humaines : on dirait qu'il est content de trouver le monde si mauvais,

Et ce qui ôte encore, même l'apparence d'une boutade, aux peintures misanthropiques de Schopenhauer, c'est qu'il a un principe d'où son pessimisme se déduit rigoureusement. Ce n'est pas un développement littéraire, à la façon des poètes et des prédicateurs ; c'est une conclusion philosophique. Ce principe le voici : Tout plaisir est négatif ; la douleur seule est positive.

Faut-il admettre comme vrai ce principe ou le principe contraire : Le plaisir est positif, la douleur est négative? On a beaucoup discuté sur ce point depuis Platon et Aristote jusqu'à Hamilton et Schopenhauer [1] ; et ce n'est pas le lieu de s'en occuper ici. Ce qui est certain, c'est que notre philosophe est sur ce point le disciple de Kant qui, dans son *Anthropologie*, soutient que « la douleur doit précéder toute jouissance. Quelle serait en effet la conséquence du jeu facile et rapide de la vie, laquelle ne peut cependant dépasser un certain degré, sinon une prompte mort de joie ? » Mais tandis que Kant glisse sur la question, Schopenhauer entend prouver sa thèse, en la déduisant du principe général de sa philosophie : Tout est volonté.

« Cet effort qui est le cœur et l'essence même de chaque chose est, nous l'avons vu, identique à ce qui se manifeste en nous à la pleine lumière de la conscience ; il se nomme la volonté. Tout ce qui l'entrave, nous l'appelons douleur ; tout ce qui lui permet d'atteindre son but, nous l'appe-

1. Pour l'exposé complet de ces discussions, voir F. Bouillier, *Du plaisir et de la douleur*, et L. Dumont, *Revue scientifique* du 8 novembre 1873.

lons satisfaction, bien être, plaisir. Ces phénomènes de plaisir et de douleur étant dépendants de la volonté, sont d'autant plus complets que la volonté l'est elle-même. Et comme tout effort naît d'un besoin, tant qu'il n'est pas satisfait, il en résulte de la douleur; et s'il est satisfait, cette satisfaction ne pouvant durer, il en résulte un nouveau besoin et une nouvelle douleur. Vouloir c'est donc essentiellement souffrir et comme vivre c'est vouloir, « toute vie est par essence douleur ». Plus l'être est élevé, plus il souffre. Dans la plante, nulle sensibilité, par suite nulle douleur. La souffrance est ressentie à un certain degré par les animaux inférieurs, Infusoires et Rayonnés; plus encore par les insectes. A mesure que le système nerveux se développe, que l'intelligence s'accroît, l'être est plus sensible à la douleur. Enfin elle atteint son plus haut degré dans l'homme et comme l'homme de génie vit le plus, il souffre aussi le plus. « Le vouloir et l'effort, qui sont l'essence entière de l'homme, ressemblent à une soif inextinguible. La base de tout son être c'est besoin, manque, douleur. Etant l'objectivation la plus complète de la volonté, il est par là même le plus besoigneux de tous les êtres. Il est, dans sa totalité, un vouloir et un besoin concret, un agrégat de mille besoins. Sa vie n'est qu'une lutte pour l'existence, avec la certitude d'être vaincu. »

La vie c'est l'effort, et l'effort c'est la douleur: c'est ainsi que Schopenhauer établit sa thèse: la douleur seule est positive. Si l'on veut d'autres preuves que le plaisir est, de sa nature, négatif, on les trouvera dans l'art, en particulier dans la poésie qui est le miroir fidèle du monde et de la vie. La poésie dramatique et l'épopée ne nous parlent que d'angoisses, d'efforts, de luttes pour le bonheur; elles ne peignent jamais le bonheur durable et parfait. Comme il n'existe pas, comme il n'est pas possible, il ne peut être l'objet de l'art. A la vérité c'est là le but que se propose l'idylle, peindre le bonheur; mais il est clair que sous cette forme, l'idylle n'est pas durable.

— Cela se montre aussi dans la musique ; comme nous l'avons vu, la mélodie exprime l'histoire intime de la volonté consciente d'elle-même: la vie secrète du cœur humain avec ses flux et reflux, ses joies et ses douleurs. La mélodie part de la tonique, pour y revenir après mille tours et détours ; mais la tonique qui, elle, exprime la satisfaction et le calme de la volonté ne serait toute seule qu'une note sans expression, causant un long ennui.

La logique, comme les faits, nous conduisent donc à dire avec Voltaire : « Le bonheur n'est qu'un rêve et la douleur est réelle. Il y a quatre-vingts ans que je l'éprouve. Je n'y sais autre chose que m'y résigner et me dire que les mouches sont nées pour être dévorées par les araignées et les hommes pour être dévorés par le chagrin [1]. »

Ceci admis, il est clair que le monde est aussi mauvais que possible et l'optimisme est la plus plate niaiserie qui ait été inventée pour consoler les hommes. L'expérience et l'histoire le prouvent. Le chapitre qu'il y aurait à écrire sur ce sujet serait sans fin, surtout si l'on se plaçait à un point de vue général, qui est celui de la philosophie. De plus, une pareille peinture serait traitée de déclamation. Prions cependant l'optimiste le plus endurci de vouloir bien seulement ouvrir les yeux pour voir à combien de maux il est exposé. Promenons-le dans les hôpitaux, les lazarets, les cabinets d'opérations chirurgicales, dans les cachots, dans les lieux de torture et d'exécution, sur les champs de bataille, et demandons-lui si c'est là le meilleur des mondes possibles ? et s'il nous parle de progrès, renvoyons-le aux marchés d'esclaves, à la traite des nègres, dont la seule fin est de produire du café et du sucre. Il n'est même pas besoin de l'envoyer si loin. Qu'il entre dans une fabrique quelconque, là il verra dès l'âge de cinq ans, travailler 10, puis 12, enfin 14 heures par jour à un travail mécanique : cela s'appelle payer cher le

1. *Die Welt als Wille* u. s. w., tom. I, liv. IV, § 56-59.

plaisir de respirer. Des millions d'hommes ont cette destinée, des millions d'autres une analogue.

D'ailleurs où Dante a-t-il pris les matériaux de son enfer, sinon dans notre monde? et pourtant il a créé un véritable enfer, un enfer dans les règles. Mais quand il lui a fallu peindre le ciel et ses joies, il s'est trouvé aux prises avec une invincible difficulté; car notre monde ne lui fournissait pas de matériaux pour cela. Aussi, au lieu de parler des félicités du paradis, il se fait donner des avis par ses aïeux, par sa Béatrix et divers saints.

En somme « la vie est une chasse incessante, où tantôt chasseurs et tantôt chassés, les êtres se disputent les lambeaux d'une horrible curée; une guerre de tous contre tous; une sorte d'histoire naturelle de la douleur qui se résume ainsi : Vouloir sans motif, toujours souffrir, toujours lutter, puis mourir, et ainsi de suite, dans les siècles des siècles jusqu'à ce que la croûte de notre planète s'écaille en tout petits morceaux. » Notre monde est en réalité le plus mauvais des mondes possibles; l'optimisme est une absurdité criante inventée par les « professeurs de philosophie » pour se mettre d'accord avec la mythologie des Juifs qui prétend « que le monde est bien. » Invention philosophique pitoyable, mais *primum vivere, deinde philosophari.*

IV

Puisque le monde est si mauvais, le mieux c'est de ne pas être :

Count o'er the joys thine hours have seen,
Count o'er thy days from anguish free!
And know, whatever thou hast been,
'Tis something better — not to be [1].

1. Compte tes heures de joie, compte tes jours libres d'angoisse, et quoique tu aies été, reconnais qu'il y a quelque chose de mieux — ne pas être. (Byron.)

Mais quel moyen prendre pour arriver à cet anéantissement? Le suicide? — Nullement; car cet acte, bien loin d'être la négation du vouloir-vivre, est une des affirmations les plus énergiques de la volonté. Cette négation qui seule a un caractère moral, consiste à nier les plaisirs de la vie aussi bien que ses douleurs; tandis que l'homme qui se suicide, en réalité veut la vie; la seule chose qu'il ne veuille pas, c'est la douleur. Ce qu'il nie, c'est la vie, non la volonté de vivre. Le suicide est à la négation du vouloir-vivre ce que la chose est à l'idée. Le suicide nie l'individu, non l'espèce. — Ce fond d'égoïsme, cette fuite obstinée de la douleur: voilà ce que toutes les morales, religieuses ou philosophiques, ont condamné dans le suicide; mais sans en avoir la conception claire et en s'appuyant sur des raisonnements sophistiques.

Ce n'est pas tout. On se rappelle que Schopenhauer a établi très fortement que la volonté est indestructible, que rien de ce qui a été ne peut cesser d'être; que l'homme en naissant n'est pas un « zéro moral, » que toutes les qualités bonnes et mauvaises sont innées: ceci supposerait donc que la vie actuelle est la continuation d'une vie antérieure, que la naissance est une *re*-naissance. C'est ce qu'on a appelé sa doctrine de la métempsycose, quoiqu'il repousse le mot pour le remplacer par celui de *palingénésie.* Si l'on admet la transmission de l'âme, c'est-à-dire du sujet connaissant, il en résulte une foule d'absurdités; il n'en est plus de même, s'il ne s'agit que de la volonté, c'est-à-dire du caractère. Si l'on admet que la volonté vient du père et l'intelligence de la mère, on peut supposer qu'à la mort, l'un se sépare de l'autre; que la volonté prise dans le cours nécessaire du monde, s'objectivant dans un autre corps par la génération, rencontre une autre intelligence, laquelle étant mortelle ne peut avoir aucun souvenir d'une vie antérieure. « Cette doctrine qui serait plus justement appelée palingénésie que métempsycose, s'accorde avec la doctrine ésotérique du bouddhisme, telle que les nouvelles recherches nous l'ont fait connaître. C'est, non une métempsycose, mais proprement une palingénésie reposant sur une base morale. Cette doctrine étant trop subtile pour la foule des bouddhistes, on l'a remplacée par un succédané plus saisissable : la métempsycose[1]. » « Cette vieille croyance a fait le tour du monde et était tellement répandue dans la haute antiquité, qu'un docte anglican l'avait jugé sans père, sans mère, sans généalogie. » Le brahmanisme, le bouddhisme, l'edda scandinave, les druides, et même les religions de l'Amérique, des nègres africains, de l'Australie, la professent ou au moins en laissent voir les traces. Il y a plus, on peut faire valoir en sa faveur, même des faits positifs : telles sont ces naissances exubérantes qui partout et toujours suivent les grandes épidémies, les guerres, la mortalité excessive.

La palingénésie admise, on comprend que le suicide n'est pas un remède. Le seul moyen à prendre pour parvenir à l'anéantissement, *c'est la connaissance.* Nous avons vu que la volonté arrivant dans le cerveau humain à la pleine conscience d'elle-même, voit se poser devant elle cette alternative : affirmer la vie et perpétuer la douleur, ou nier la vie et arriver au repos. Le choix doit avoir lieu ; mais en vertu d'une connaissance intuitive, non d'une connaissance abstraite et réfléchie, en vertu d'un vouloir supérieur, qui n'est pas appris (*velle non discitur*), non d'un prétendu libre arbitre réglé par des préceptes. Si la volonté choisit de se nier elle-même, nous entrons « dans le règne de la grâce » comme disent les mystiques, dans le monde vraiment moral où la vertu commence par la pitié et la charité, s'achève par l'ascétisme, et aboutit à la libération parfaite, au *nirvâna.* » Dans l'homme, la volonté atteint la conscience et par

1. *Die Welt als Wille*, tom. II, ch. 41. Il renvoie à Kœppen, *Histoire du Bouddhisme* et au *Manual of Buddhism* de Spence Hardy.

suite le point où elle peut clairement choisir entre l'affirmation et la négation . aussi n'est-il pas naturel de supposer qu'elle aille plus haut. L'homme est le libérateur de tout le reste de la nature qui attend de lui sa rédemption : il est à la fois le prêtre et la victime. »

Toute cette doctrine, on le voit, est très logiquement liée : si on admet que tout est volonté, que toute volonté est effort, que tout effort n'est satisfait que par exception, et que tout effort contrarié est douleur, que la vie, c'est-à-dire la douleur, ne finit pas avec la mort ; on trouvera qu'il n'y a qu'un remède possible, supprimer la douleur, en supprimant la vie, en supprimant la volonté. Et comme le corps c'est la volonté devenue visible, nier le corps par l'ascétisme, c'est nier la volonté. Comme la génération perpétue la vie et la douleur, la supprimer par la chasteté, c'est supprimer l'espèce. En somme l'idéal que Schopenhauer propose à l'humanité, c'est un suicide en masse, par des moyens métaphysiques.

En logique, tout cela est fort bien ; dans la réalité, c'est autre chose. Et quand Schopenhauer veut justifier sa thèse, il procède à la façon des théologiens, donnant pour toute preuve des textes et des citations. Fort curieuses d'ailleurs ; car il les a recueillies un peu partout, trouvant des frères dans les ascètes de tous les âges et des aspirants au *nirvâna* dans les mystiques de tous les pays.

On sait qu'il considérait le bouddhisme comme la traduction religieuse de sa métaphysique. Le Bouddha n'a-t-il pas reconnu l'identité de tous les êtres (*Tat twam asi*, tu es ceci, tu es toute chose), ruinant ainsi l'égoïsme pour y substituer la sympathie universelle, la charité pour tout ce qui vit ? N'a-t-il pas dit : « Les désirs sont comme une goutte de rosée, ils ne demeurent pas un instant. Comme le vide enfermé dans la main d'un enfant, ils sont sans essence ; comme des vases d'argile, ils se brisent quand on les donne ; comme des nuages d'automne, ils paraissent un instant et ne sont plus ; » n'a-t-il pas prêché « la grande mansuétude, la grande commisération, la grande indifférence ? »[1] Il suffit d'ailleurs d'une légère teinture de la littérature, de la philosophie, et des religions de l'Inde, pour remarquer qu'on peut passer d'elles à Schopenhauer, sans se sentir en rien dépaysé.

A part l'hellénisme et l'islam qui sont totalement optimistes toutes les religions ont au moins un germe pessimiste(le dogme de la chute chez les juifs) ; et Schopenhauer soutient que la plupart des doctrines religieuses ont exprimé sa propre morale, sous une forme mythique. Ainsi, dit-il, le mythe chrétien de l'arbre du bien et du mal représente l'affirmation du vouloir vivre ; Adam c'est cette affirmation incarnée ; par elle commencent la faute et la douleur. Mais la connaissance en entrant dans le monde rend possible la libération, la négation du vouloir-vivre. Jésus est cette négation incarnée ; il s'offre en sacrifice pour opérer la rédemption. Adam représente les tendances animales et finies de l'homme ; Jésus c'est l'homme libre et éternel : et tout individu humain est en puissance Adam aussi bien que Jésus.

Passant des religions aux mystiques indépendants, il définit la mystique, dans son sens le plus large, « un guide vers l'aperception immédiate de ce que ni l'intuition, ni l'idée, ni aucune connaissance en général ne peut atteindre. » Il y a, dit-il, « cette différence entre le

1. *Lalita vistâra.* (Vie légendaire du Bouddha), ch. 2 et 15. Voir aussi E. Burnouf. *Lotus de la Bonne Loi. Introduction à l'Histoire du Bouddhisme indien.* Barth. St-Hilaire. *Le Bouddha.* Kœppen. *Die Religion des Buddha.* La métaphysique du Bouddhisme se résume ainsi : Vide universel. « Tout phénomène est vide, toute substance est vide, au dehors est le vide. » Enchaînement des effets et des causes. Transmigrations depuis la matière jusqu'à l'homme. — La morale du bouddhisme est contenue dans « les quatre vérités sublimes : » 1° l'existence c'est la douleur ; 2° la cause de la douleur est le désir ; 3° la douleur peut cesser par le Nirvâna ; 4° le Nirvâna s'atteint par la contemplation et finalement par l'extase.

mystique et le philosophe que l'un commence du dedans, l'autre du dehors. Le mystique part de son expérience interne, positive, individuelle, dans laquelle il se reconnaît comme une essence éternelle, universelle ; mais tout ce qu'il en dit, doit être cru sur parole, car il ne peut rien prouver. Le philosophe au contraire part de ce qui est commun à tous, du phénomène objectif, du fait de conscience tel qu'il se trouve en chacun. Sa méthode c'est la réflexion sur ses données ; aussi peut-il prouver. La gloire de la philosophie c'est de ne s'appuyer que sur les données du monde extérieur, de l'intuition, telle qu'elle se trouve dans notre conscience. Conséquemment elle doit rester une cosmologie et elle ne peut devenir une théologie. » Schopenhauer retrouve sa doctrine du renoncement chez les Soufis persans, les Alexandrins; au moyen âge dans Scott Erigène et les grands mystiques du XIVe siècle, Maître Eckard, Tauler ; plus tard dans Jacob Boehme, Angelus Silesius, dans l'auteur inconnu de la *Théologie allemande*, pour arriver jusqu'à Molinos, au Quiétisme et à Madame Guyon s'écriant dans ses *Torrents* : « Midi de la gloire ; jour où il n'y a plus de nuit; vie qui ne craint plus la mort, dans la mort même ; parce que la mort a vaincu la mort, et que celui qui a souffert la première mort ne goûtera plus la seconde mort. »

Toutes les religions ont enseigné plus ou moins l'abnégation de soi-même. Les meilleures l'ont fait explicitement. A cet égard le christianisme n'a de rival que le bouddhisme, et parmi les communions chrétiennes, le catholicisme, malgré ses tendances superstitieuses, a le mérite de maintenir ferme le célibat et l'ascétisme. Le protestantisme, en les supprimant, a détruit le cœur même du christianisme, pour aboutir « à un plat rationalisme » qui est « une bonne religion par des pasteurs confortables, » mais qui n'a plus rien de chrétien. Le christianisme primitif a eu l'intuition nette de la négation du vouloir vivre, en prêchant le célibat, quoiqu'il l'ait justifiée par de mauvaises raisons. Schopenhauer a recueilli chez les Gnostiques et les premiers Pères de l'Église des textes curieux sur ce point. C'est l'Évangile des Égyptiens s'écriant : « Le Sauveur a dit : Je suis venu pour détruire les œuvres de la femme ; de la femme, c'est-à-dire de la passion ; ses œuvres, c'est-à-dire la génération de la mort. » C'est Tertullien mettant sur la même ligne le mariage et la débauche. « Matrimonium et stuprum est commixtio carnis ; scilicet cujus concupiscentiam Dominus stupro adæquavit. Ergo jam et primas, id est unas nuptias destruis? Nec immerito : quoniam et ipsæ ex eo constant, quod est stuprum. » C'est saint Augustin disant que, le mariage supprimé, la Cité de Dieu sera plus tôt remplie : « Novi quosdam qui murmurent : quid si, inquiunt omnes velint ab omni concubitu abstinere, unde subsistet genus humanum? Utinam omnes hoc vellent! dumtaxat in caritate, de corde puro, et conscientia bona, et fide non ficta : multo citius Dei civitas compleretur, ut acceleratur terminus mundi. »[1] Cette Cité de Dieu est ce que Schopenhauer appelle, faute d'un terme plus convenable, le *nirvâna*.

On sait que l'interprétation du mot nirvâna est discutée. Les uns, comme Eugène Burnouf, y voient un anéantissement absolu. D'autres, comme Max Müller, pensent qu'il faut l'entendre dans « le sens purement moral de repos et d'affranchissement des passions ». Les canons bouddhiques le définissent « la négation de l'objet qui est connu et du sujet qui connaît ; le vide absolu non seulement de toute connaissance, mais de toute idée. » Les bouddhistes, dit Schopenhauer, emploient avec beaucoup de raison, le terme purement négatif de nirvâna qui est la négation de ce monde (sansara). Si le nirvâna est défini comme néant, cela ne veut rien dire, sinon que le sansâra ne contient aucun

1. Tertullien. *De Exhort castit.*, c. 9. — D. Augustinus. *De bono conjug.*, c. 10, ap. Schopenh. *Die Welt* u s. w. II, ch. 48. Voir ce chapitre tout entier.

élément propre qui puisse servir à la définition ou à la construction du nirvâna. » Lors donc que par la sympathie universelle, par la charité, l'homme en est venu à comprendre l'identité essentielle de tous les êtres, à supprimer tout principe illusoire d'individuation, à reconnaître soi dans tous les êtres et tous les êtres en soi ; lorsqu'il a nié son corps par l'ascétisme, et jeté hors de lui tout désir ; alors se produit « l'euthanasie de la volonté, » cet état de parfaite indifférence où sujet et objet disparaissent, où il n'y a plus ni volonté, ni représentation, ni monde. « C'est là ce que les Hindous ont exprimé par des mots vides de sens, comme résorption en Brahm, nirvâna. Nous reconnaissons volontiers que ce qui reste après l'abolition complète de la volonté n'est absolument rien pour ceux qui sont encore pleins de vouloir. Mais pour ceux chez qui la volonté s'est niée, notre monde, ce monde réel avec ses soleils et sa voie lactée, qu'est-il ? — Rien. »

CHAPITRE VII

CONCLUSION

Un principe inconnu, une x, qu'aucun terme ne peut traduire, mais dont le mot *volonté*, — au sens très général de force — est l'expression la moins inexacte, explique l'univers. En elle-même, la volonté est une et identique : la pluralité des phénomènes n'est qu'une apparence, résultant de la constitution de l'intelligence, faculté secondaire et dérivée : par elle toutefois, la volonté inconsciente devient consciente et passe de l'existence en elle-même, à l'existence pour elle-même. Reconnaissant alors qu'elle n'est dans son fond que désir, par conséquent besoin, par conséquent douleur; elle ne trouve d'autre idéal de la vie que de se nier elle-même, et d'opérer par la science sa libération.

Telle est en deux mots, réduite à ce qu'elle a d'essentiel, la doctrine que nous venons d'exposer. Il ne s'agit pas ici de la juger; car tout système métaphysique est, en réalité, à peu près imprenable à la critique; la lutte entre deux systèmes ressemblant trop souvent à ces tournois des épopées chevaleresques, où deux paladins enchantés pouvaient réciproquement se tailler en pièces et sortir de la lutte, tous deux sains et vigoureux. Une doctrine est-elle d'accord avec elle-même ? est-elle d'accord avec les faits ? voilà, à notre point de vue, tout ce que la critique peut lui demander, quand elle ne se flatte pas de posséder la vérité absolue. Essayons de le faire, en nous attachant avant tout à bien comprendre la doctrine.

I

Il est incontestable pour tous ceux qui ont lu cette étude, que Schopenhauer doit être appelé le philosophe de la volonté. Par là il est l'un des principaux représentants d'une tendance générale qui nous paraît caractériser la métaphysique du XIXe siècle, en ce qu'elle a d'original, et qui consiste à chercher l'explication dernière non dans l'intelligence, mais dans la volonté. Si on parcourt rapidement l'histoire de la philosophie, on conviendra sans difficulté que l'intelligence y tient toujours le premier rôle. L'Inde ne fait pas exception. En Grèce, cette tendance a atteint son plus haut degré dans Platon qui ramène tout à l'idée, principe unique de connaissance et d'existence. Et, bien que l'*acte* d'Aristote devenu plus tard la *force* des Stoïciens, incline évidemment vers le dynamisme; on ne trouve là rien qui ressemble à une subordination de l'intelligence à la volonté Tout au contraire Aristote a favorisé la tendance à ne voir dans l'esprit que l'intelligence et dans l'intelligence l'essence même de l'esprit. De même chez les modernes. A part Leibniz qui renoue la tradition d'Aristote, Descartes et tous ceux qui sont issus de lui, soit les idéalistes comme Malebranche et Spinoza, soit les empiriques comme Locke et son école, sont avant tout préoccupés des faits intellectuels. C'est avec Kant que commence la nouvelle manière de philosopher. Après avoir montré dans sa *Critique* que la faculté de connaître a des limites déterminées, qu'elle ne vaut que dans le domaine de l'expérience, que ses principes sont purement régulateurs et n'ont qu'une valeur subjective, il arrivait à cette conclusion nécessaire : que l'intelligence ne pouvant parvenir à l'absolu, il faut ou bien y renoncer pour toujours ou le chercher par une autre voie. Soutenant en même temps que l'acte vraiment moral doit être pur de tout élément sensible et par suite indépendant de toute condition sensible, Kant ouvrait « la porte étroite, » la « voie souterraine » qui seule donne quelque échappée sur le monde supérieur. Fichte, Schopenhauer, Schelling (dans sa seconde philosophie) s'y précipitèrent à sa suite. Maine de Biran, de qui relève le spiritualisme français le plus récent, inaugurait en même temps une philosophie de la volonté. Enfin, en Angleterre, les philosophes, partant d'ailleurs du point de vue tout différent des sciences positives, étaient conduits à accorder une influence prépondérante à la notion de force.

Ce serait pourtant un grave contre sens que de confondre la philosophie de la *volonté* de Schopenhauer avec la philosophie de la *liberté* qui s'est produite surtout dans ces derniers temps. Celle-ci suppose que le principe universel est un principe de liberté, que la liberté pure est l'essence de la cause suprême, que « l'amour est la manifestation parfaite de la liberté ». Plaçant au sommet des choses et comme science première la morale, et considérant « la conscience morale comme le critérium supérieur de la vérité, » elle voit dans cette liberté, totalement étrangère au mécanisme, un analogue de ce qui s'appelle la grâce dans le dogme chrétien. Par son double caractère moral et mystique cette doctrine est aussi opposée que possible à Schopenhauer. La volonté pour lui est si peu un principe moral que toute morale au contraire consiste à la nier. « La nature — qui est la volonté objectivée — ne connaît que ce qui est physique, non ce qui est moral. Bien loin de l'identifier avec Dieu, comme le fait le panthéisme, il faudrait plutôt l'identifier avec le diable comme l'auteur de la *Théologie allemande.* » « Ce qui règne dans la nature, c'est la force et non le droit, dans le monde de l'homme comme dans le règne animal [1]. » Cette volonté aveugle (*blind*), inconsciente (*unbewusstlos*) est l'antipode d'un principe moral; elle ne peut être que la *force.*

Le sens équivoque de ce terme volonté répand sur toute l'exposition une ambiguïté qui n'existe pas seulement pour le lecteur inattentif; et qui est beaucoup moins dans les mots que dans les choses. Schopenhauer soutient que, conformément aux règles de la méthode, il doit procéder du connu à l'inconnu, de son activité propre, immédiatement saisie, aux autres activités médiatement induites. Soit. Mais ce fait de la volonté qui lui sert de point de départ, qui est la clef avec laquelle il déchiffre l'énigme du monde se transforme totalement entre ses mains. Le vouloir tel que tout le monde le connait et le constate est un fait complexe, précédé de motifs, suivi d'actes, accompagné de connaissance. Est-ce un vouloir pareil que Schopenhauer suppose partout ? Nullement. Il déclare d'abord que tout ce qui tient à l'intelligence est accidentel : il faut donc retrancher du fait volontaire la conscience et les motifs ; et qu'en reste-t-il lorsqu'il est ainsi appauvri et dépouillé

1. *Parerga und Paralipomena*, II, 107; *Ethique*, 109.

de son enveloppe ? Rien qu'un désir obscur ; moins encore, une tendance ; c'est-à-dire au fond, ce que la science appelle la force. Il se trouve donc qu'en définitive c'est la tendance qui explique notre volonté et non pas notre volonté qui donne de la tendance une explication complète ; que conserver ce mot volonté, c'est perpétuer l'illusion du point de départ ; c'est s'emprisonner dans une notion subjective, au lieu de viser à cette méthode objective qui est le propre de la science. Il est, en effet, tout différent de dire : que la volonté est le seul acte en vertu duquel nous comprenons tous les actes de la nature, conçus comme analogues, — thèse que beaucoup de philosophes et de savants admettent — et de soutenir, comme Schopenhauer, que toutes les forces de la nature sont des dérivés de la volonté, ou plutôt ne font qu'un avec elle. Dans le premier cas, nous disons que cela peut être, et, en tout cas, est pour nous : nous admettons une *analogie subjective*. Dans le second cas, nous disons que cela est absolument : nous affirmons une *identité objective*. Nous touchons ici au vice ordinaire de toute métaphysique qui consiste à dire : cela peut être, donc cela est.

Schopenhauer a beau répéter qu'il a une façon à lui de concevoir la métaphysique ; qu'il reste dans le monde, qu'il s'en tient aux phénomènes ; qu'il retranche tout ce qui tient au *woher* (d'où) au *wohin* (vers où) au *warum* (pourquoi) pour s'en tenir au *was* (ce qui est), il n'en abuse pas moins de l'hypothèse. La belle analyse par laquelle il retrouve dans tous les phénomènes de la nature une volonté une et identique à elle-même, est un travail original, sans précédents. Quoiqu'il n'eût pas été impossible de la conduire d'une manière plus systématique, elle embrasse le cycle complet des faits naturels : — historiques, physiologiques, vitaux, physico-chimiques — et aboutit à cette conclusion, que tout est volonté et que, malgré les transformations, à chaque instant dans l'univers, la quantité de volonté est constante. Mais quelle preuve qu'entre toutes les solutions possibles, celle-là seule est vraie ? Schopenhauer n'en donne aucune. Sa doctrine n'a pour base qu'un raisonnement par analogie poussé à outrance. A sa métaphysique, comme à toute autre, la *vérification* manque. Elle reste donc sans valeur scientifique : car le caractère précis qui distingue la métaphysique de la science, c'est que tandis que la science parcourt trois moments essentiels — constater des faits, les ramener à des lois, vérifier les lois trouvées — la métaphysique parcourt les deux premiers moments, mais sans jamais atteindre le troisième. Il faut reconnaître que Schopenhauer a tenté un effort sérieux pour trouver ce *desideratum* de tout métaphysicien : la vérification. Nous l'avons vu soutenir que le monde doit être traité comme une page d'hiéroglyphes, dont la clef ne peut être trouvée qu'en tâtonnant. Il dit l'avoir trouvée ; mais il est trop clair que sa solution est plus ingénieuse que probante.

Admettons cependant que tout soit réductible à la volonté et explicable par elle ; il reste à savoir *comment* et *pourquoi* la volonté, une et identique, devient cette pluralité phénoménale que Schopenhauer admet comme tout le monde.

Sur le premier point, Schopenhauer s'explique clairement : le monde sensible n'est qu'un phénomène cérébral. L'unité seule *est*, la pluralité paraît être. Le cerveau, le système nerveux de tout être sentant est comme un appareil multiplicateur par lequel la volonté s'éparpille en phénomènes innombrables. L'opposition apparente de l'unité et de la pluralité se résout donc, comme nous le verrons ci-après, par l'idéalisme.

Toutefois, la difficulté n'est que reculée : car on se demande naturellement *pourquoi* la volonté passe ainsi de l'unité à la multiplicité ; pourquoi elle s'objective en phénomènes inorganiques, vitaux, psychologiques ; pourquoi son évolution affecte la forme actuelle plutôt que telle autre ? A cela Schopenhauer répond : Je n'en sais rien ; je constate seulement que cela est ; ma philosophie ne vous a pas promis autre chose.

Schopenhauer est-il donc positiviste ? Nullement. Entre Comte et ses disciples qui soutiennent que la philosophie ne peut être que la science (c'est-à-dire le groupe des sciences) complètement unifiée et organisée, et les métaphysiciens de vraie race, comme Schelling et Hegel, qui n'hésitent pas à tout expliquer, il essaie un moyen terme. Cette idée d'une métaphysique circonscrite, délimitée, rapetissée, n'est pas nouvelle dans l'histoire de la philosophie. Ce qu'on a appelé « la métaphysique du sens commun », en est un exemple. Mais au lieu d'une conception vague — car qui sait où commence et où finit le sens commun ? — Schopenhauer propose la conception précise d'une métaphysique dans le domaine de l'expérience, sans préoccupation de la cause ni de la fin. Toutefois, n'est-ce pas là philosopher sans philosophie, et risquer fort de ne s'adresser qu'à peu de gens ? Il semble, en effet, que presque tous les esprits soucieux de philosopher sont de deux sortes : les uns nets, précis, difficiles en fait de preuves, en un mot scientifiques ; les autres trouvant que la réalité est peu de chose auprès de l'idéal, que les solutions métaphysiques si fragiles qu'elles soient valent encore mieux que des démonstrations impuissantes à dépasser les faits. Schopenhauer paraîtra téméraire aux uns, timide aux autres ; il accorde trop pour les premiers, trop peu pour les seconds.

Pour nous en convaincre, examinons un seul point de sa doctrine, l'un des plus obscurs : sa théorie de la finalité. En écartant cette question : Pourquoi le monde est-il ? pourquoi est-il tel et non tel autre ? il n'en reste pas moins à expliquer *pourquoi* il y a une appropriation des moyens aux fins dans les êtres organisés : car cette finalité, de quelque façon qu'on l'entende, est un fait d'expérience et Schopenhauer doit l'expliquer, puisqu'il nous a promis d'embrasser l'expérience tout entière. — Le problème se pose pour lui sous cette forme : Etant donné qu'il n'existe que la force, inconsciente par essence, consciente par accident, comment l'organisation avec sa finalité interne a-t-elle pu en dériver ? Sa solution que nous avons exposée (ch. IV, § 5) a encouru le reproche de contradiction flagrante et on a dit qu'ici il métamorphosait sa volonté aveugle en une intelligence. Cette critique nous paraît exagérée. La thèse de Schopenhauer se tient logiquement. La volonté, il le répète à chaque instant, est dans son fond, besoin aveugle de vivre (*blind Drang zum Leben*) ; elle tend à la vie comme le fleuve vers la mer. Les êtres vivants ne sont que ce besoin objectivé et ce besoin infini se traduit par la variété infinie des espèces et des individus. Mais l'être vivant ne peut exister que dans certaines *conditions ;* là où elles manquent, il manque. Le besoin aveugle de vivre peut ne rien produire ou produire des monstres, mais il peut aussi produire des êtres organisés. Pour cela il faut et il suffit qu'il n'y ait dans l'être aucune contradiction interne qui le rende impropre à la vie : dès lors un organisme se produit bon ou mauvais, inférieur ou supérieur. La finalité n'est donc pas quelque chose d'extérieur à l'être, à lui surajouté; elle est immanente. La vie et ses conditions ne font qu'un et comme la vie est la volonté, la finalité dérive donc de la volonté.

Je ne veux pas dire que cette doctrine est bonne ni que Schopenhauer l'a exposée assez clairement, mais il me semble qu'elle est d'accord avec la doctrine générale. Toutefois, on peut comprendre par ce seul point la position difficile de cette demi-métaphysique. En admettant une finalité immanente, Schopenhauer semble se rapprocher des positivistes ; mais ceux-ci trouveront qu'il eût mieux valu moins user de la métaphysique et demander comme eux à l'embryologie, à l'histologie, à l'anatomie comparée, comment chaque être organisé traverse une série d'états, tels que chacun est la condition nécessaire de celui qui suit. D'un autre côté les purs finalistes diront que c'est tout expliquer par un hasard heureux, que réduire la finalité à une combinaison possible entre une foule d'autres, c'est en réalité la supprimer et faire sortir la vie d'un coup de dé.

Il n'y a donc pas grande témérité à penser qu'une pareille philosophie restera plutôt à titre de fait curieux que de doctrine vivace et destinée à faire longtemps école. La métaphysique est un système d'hypothèses qui servent à satisfaire un peu l'esprit et à l'exciter beaucoup. La théorie de Schopenhauer n'a pas tous ces avantages ; elle en a presque tous les inconvénients : caractère subjectif, abus de l'hypothèse, impossibilité d'une vérification. Son grand et seul mérite c'est d'avoir travaillé à élucider la notion de *force*, sous le nom de volonté.

Toute métaphysique subit l'influence des préoccupations et des découvertes scientifiques de l'époque. On peut dire que le problème des sciences inductives c'est une mise en équation ; que leur résultat, c'est la découverte des termes les plus simples de ces équations. Reste l'interprétation de ces termes les plus simples : c'est l'objet de la métaphysique. Or, nous voyons toutes les sciences tendre de plus en plus à tout ramener au mouvement qui est la figure et la mesure de la force. Cette notion finit donc par tomber aux mains des métaphysiciens qui essayent de l'expliquer. Aussi de nos jours les écoles les plus diverses en reviennent à la force comme à une explication dernière. Les spiritualistes s'efforcent d'établir que tout dans la matière se réduit à l'étendue qui se ramène elle-même à la force[1]. L'école opposée laisse entrevoir

1. Voir sur ce point l'analyse de M. Magy dans son livre : *De la Science et de la Nature.*

que pour elle toutes les manifestations de la nature, sans exception, sont des concentrations de la force. « Toute transformation ascendante de la force en est, pour ainsi dire, la concentration sur un plus petit espace. Un équivalent de force chimique correspond à plusieurs équivalents de force inférieure, un équivalent de force vitale à plusieurs équivalents de force chimique et ainsi de suite. » En un mot, pour les premiers, tout se ramène à la force et la force à l'esprit. Pour les seconds, tout se ramène à la force, même l'esprit.

Schopenhauer est, dans les termes, plus près de ceux-ci que des premiers. Mais, nous l'avons vu, le débat entre les spiritualistes et les matérialistes le laisse indifférent. En considérant les mots matière, âme, substances, etc., comme des termes suffisants pour la langue vulgaire et le sens commun, pleins d'équivoques dès qu'il s'agit d'en faire un usage scientifique, il a travaillé à débarrasser la philosophie de vains fantômes. Résultat tout négatif ; mais la métaphysique peut-elle promettre autre chose que de poser de mieux en mieux les questions, pour laisser entrevoir la vérité ?

II

La théorie de l'intelligence n'est pour Schopenhauer qu'une théorie de l'apparence : elle a pour but d'expliquer comment la volonté une et identique, qui est la seule réalité, nous est donnée comme multiple et variable dans la pluralité infinie des phénomènes naturels. Il suppose donc que notre monde avec ses plaines, ses montagnes, ses fleuves, ses arbres, ses animaux sentants et pensants, — que tout cela et tout ce qu'il peut y avoir d'analogue dans les autres mondes, se résout finalement dans la volonté, c'est-à-dire en forces; qu'une portion extrêmement petite de cette matière, que nous appelons cerveau ou ganglion, suivant son degré d'organisation ou de complexité, possède la propriété merveilleuse d'exprimer en elle tout ce qui agit sur elle ; qu'elle est comme un miroir dans lequel la volonté se réfléchit et se reconnaît elle-même à tous ses degrés : en sorte que l'univers n'est « qu'un phénomène cérébral » et que la volonté ne devient *autre*, qu'autant qu'elle tombe sous les formes intellectuelles (ou cérébrales) du temps, de l'espace, de la causalité, qui la font paraître successive, étendue et changeante.

On peut tout d'abord se demander s'il n'y a pas là une contradiction qui consiste à faire dépendre la matière de l'intelligence et l'intelligence de la matière. Le monde avec ses phénomènes physiques, chimiques, physiologiques, n'existe, par hypothèse, que dans le cerveau; mais le cerveau lui-même suppose l'existence préalable de certains faits physiques, chimiques et physiologiques. — Cette difficulté est grave. L'interprétation la moins défavorable pour Schopenhauer consisterait à dire que matière, cerveau, intelligence c'est tout un; que ce sont des corrélatifs qui s'élèvent et tombent en même temps; que ce n'est que par une illusion de raisonnement que nous mettons un *avant* et un *après*, là où il n'y a qu'une simultanéité. Cette doctrine, si difficile qu'elle soit à admettre au point de vue de l'expérience, aurait du moins le mérite de ne renfermer aucune contradiction; mais comment l'accorder avec cette thèse de Schopenhauer que l'intelligence est un phénomène *tertiaire*, dépendant du corps qui dépend de la volonté? De plus, si le corps est « l'objectivation immédiate de la volonté », comme il ne peut exister sans ses conditions d'existence (temps, espace, changement), il en résulterait que la pluralité serait antérieure à l'intelligence elle-même qui est pourtant, par hypothèse, le principe de la multiplicité et de la différence. — Il faut donc admettre ici ou bien une contradiction ou plutôt, comme j'inclinerais à le croire, un point de vue propre à l'idéalisme et qui est à peu près inintelligible en dehors de lui.

L'idéalisme de Schopenhauer est la partie la moins originale de sa doctrine. Il reproduit Kant et Berkeley. On sait que Berkeley soutenait que comme nous ne connaissons que nos états de conscience, nous n'avons pas de raisons pour supposer qu'il y ait rien en dehors d'eux et que par conséquent les choses n'existent qu'au tant qu'elles sont perçues (*their esse is percipi*). Kant posa la question d'une manière plus nette et bien plus profonde, en commençant par une critique préalable des conditions de la connaissance, et en distinguant ainsi l'apparence de la réalité, ce qui nous est donné, de ce qui est ou peut être. Nous avons vu que Schopenhauer prend pour base la *Critique* de Kant, mais sans renier Berkeley[1].

Il faut d'abord louer Schopenhauer d'avoir réduit la

1. Frauenstaedt, qui a recherché les antécédents historiques de l'idéalisme de Schopenhauer, cite les *Lettres philosophiques* de Maupertuis publiées en 1752. Il en donne de longs fragments parmi lesquels nous choisissons ce qui suit :

« Si je réfléchis attentivement sur ce qu'est la dureté et l'étendue je n'y trouve rien qui me fasse croire qu'elles soient d'un autre genre que l'odeur, le son et le goût. Si on croit que dans cette prétendue essence du corps, dans l'étendue, il y a plus de réalité appartenant aux corps mêmes, que dans l'odeur, le son, le goût, la dureté, c'est une illusion. L'étendue, comme les autres, n'est qu'une perception de mon âme transportée à un objet extérieur, sans qu'il y ait dans l'objet rien qui puisse ressembler à ce que mon âme aperçoit... Réfléchissant donc sur ce qu'il n'y a aucune ressemblance, aucun rapport entre nos perceptions et les objets extérieurs, on conviendra que tous ces objets ne sont que de simples phénomènes. L'étendue que nous avons prise pour la base de tous ces objets, pour ce qui en constitue l'essence, l'étendue elle-même ne sera qu'un phénomène... Voilà où nous en sommes : nous vivons dans un monde où rien de ce que nous apercevons ne ressemble à ce que nous apercevons. Des êtres inconnus excitent dans notre âme tous les sentiments, toutes les perceptions qu'elle éprouve, et, ne ressemblant à aucune des choses que nous apercevons, nous les représentent toutes. »

(Frauenstaedt, *Briefe* u. s. w. 14e lettre)

liste compliquée des formes et des catégories kantiennes à trois essentielles : temps, espace, causalité. Il établit leur idéalité par des raisons qui lui sont propres, mais pour aboutir, en somme, à la conclusion de Kant. Si cette conclusion est acceptée, l'idéalisme en découle nécessairement. Mais est-elle incontestable ? — Discuter la thèse de Kant est une tâche qui effraierait les esprits les plus vigoureux : il ne peut donc être question de l'essayer ici. Nous voudrions simplement chercher s'il n'y a pas des faits qui la rendent au moins problématique.

Kant fait observer qu'il faut que le temps et l'espace soient en nous ou hors de nous, ou à la fois en nous et hors nous. Il glisse sur cette troisième hypothèse : peut-être valait-elle la peine d'être examinée. Sans refuser au temps et à l'espace le caractère de principes régulateurs de l'expérience, il n'est pas sûr qu'ils soient complètement indépendants de l'expérience, même quant à leur genèse. Je m'appuie ici sur l'autorité de Helmholtz qui, malgré son admiration pour Kant, soutient « que considérer les axiomes géométriques comme des propositions contenues originellement dans les notions d'espace est une opinion qui prête à la discussion... Les axiomes sur lesquels notre système géométrique est fondé, ne sont pas des vérités nécessaires, dépendant seulement des lois constitutives de notre intelligence. Ils sont l'expression scientifique *d'un fait d'expérience très général.* » L'idée d'espace à trois dimensions sur lequel repose notre géométrie est en définitive un fait d'expérience. Helmholtz fait aussi remarquer que Gauss, Riemann, Lobatchewsky et d'autres mathématiciens ont déduit une géométrie imaginaire, de la notion d'espace *prise indépendamment de l'expérience.* « Si on suppose, dit-il, des êtres intelligents, vivant et se mouvant sur une surface solide (supposée plane ou sphérique ou ellipsoïdale,) et incapables de percevoir autre chose que ce qui se trouve sur elle ; on verra que pour eux les axiomes de géométrie seraient très différents des nôtres, notamment en ce qui touche les lignes parallèles, la somme des trois angles d'un triangle, la ligne la plus courte entre celles qui peuvent joindre deux points. »

Pour s'en tenir à des faits plus simples, à la portée de tous, remarquons que la notion d'un espace et d'un temps *donnés* varie d'après les *data* de l'expérience. Il est difficile qu'un être qui n'a que des sensations tactiles conçoive l'espace comme celui qui possède à la fois la vue et le toucher. L'animal qui dévore l'espace d'un bond rapide peut-il en avoir la même notion que celui qui le parcourt lentement? De même pour le temps : l'animal stationnaire, chez qui le rythme vital est lent, peut-il concevoir le temps comme celui qui vit très vite et se meut avec rapidité? Chacun ne sait-il pas, par son expérience, que ce qui paraît très élevé ou très lointain durant l'enfance, se rapetisse ou se rapproche avec les années ; et que la même période de temps paraît toujours plus courte à mesure qu'on vieillit? Les faits de cette nature sont trop connus et trop nombreux pour insister. Il suffit de les rappeler aux réflexions du lecteur.

Sans doute on peut répondre que ces faits prouvent simplement que la conception d'un espace *donné* et d'un temps *donné* varient d'après nos expériences ; mais que rien ne prouve qu'il en soit ainsi de notre conception de l'espace et du temps *en général*. Cependant le concept général de l'espace et celui du temps ne peuvent-ils pas être justement considérés comme des abstraits résultant de ces données concrètes, ainsi que Leibniz l'admettait? La thèse fondamentale de Schopenhauer est donc au moins fort contestable. — On peut dire encore que tout ce qui précède a pour résultat d'établir que les notions de temps et d'espace sont *relatives ;* et que l'idéalisme l'admet implicitement comme nous, en les posant comme purement subjectives. Il y a toutefois cette différence :

c'est que l'expérience justifie la première assertion, tandis qu'elle reste muette sur la seconde. Dire que le temps et l'espace sont relatifs, c'est énoncer un fait prouvé par l'expérience externe et interne ; dire qu'ils ne sont qu'en nous c'est entrer dans l'hypothèse.

Si la doctrine qui a été soutenue dans ces derniers temps, en Allemagne et surtout en Angleterre, parvenait à s'établir scientifiquement, Kant et Leibniz seraient réconciliés. Elle consiste à dire comme Schopenhauer que le temps, l'espace, et en général les formes de la pensée peuvent être considérées comme inhérentes à la constitution du cerveau : mais ces « formes » seraient le résultat d'expériences innombrables, enregistrées, fixées et organisées dans les générations successives par l'hérédité. Ainsi le temps et l'espace seraient à la fois dans l'esprit et dans les choses ; en nous parce qu'ils sont hors de nous.

Sans prolonger ce débat, si l'on veut simplement nous accorder que rien ne prouve que le temps et l'espace ne soient qu'en nous, on peut suivre pas à pas la marche progressive de Schopenhauer vers l'hypothèse. — Il affirme d'abord que le temps et l'espace sont des conceptions toutes relatives, ce qui est incontesté. — Il soutient ensuite qu'elles sont toutes subjectives, ce que ni le raisonnement ni l'expérience n'on solidement établi : de là il déduit son idéalisme. — Puis, dépassant Kant pour se rapprocher de Berkeley, il prétend que les phénomènes qui remplissent ces cadres vides, du temps et de l'espace, ne sont le symbole d'aucune réalité extérieure à nous. Il nie qu'il y ait aucune matière donnée du dehors.

Kant ayant admis « que la matière de l'intuition nous est donnée du dehors », Schopenhauer lui reproche, comme nous l'avons vu, un défaut de logique, parce que la loi de causalité étant toute subjective ne vaut que pour le sujet et dans l'ordre des phénomènes : — en termes plus clairs, nous n'avons pas le droit de conclure des phénomènes sensibles comme effet, à la matière comme cause. Faut-il en conclure que Schopenhauer professe l'idéalisme absolu? Parfois, à certaines hardiesses d'expression on serait tenté de le croire. En fait, il est, comme il le dit lui-même, idéaliste transcendental et réaliste empirique, c'est-à-dire que tout en étant kantien et ultra-kantien en ce qui touche les conditions d'existence du monde extérieur, il n'admet pas comme Berkeley que ce monde n'est qu'une simple fantasmagorie, une sorte de spectacle à décors mouvants que l'esprit se donne. La matière, dit-il, est un mensonge vrai. Faut-il entendre par là qu'elle n'est rien, absolument rien qu'une pure illusion? Ce serait oublier que le fond de toute chose c'est la volonté. C'est la volonté qui sent; la volonté qui est sentie. La matière, en tant qu'elle est volonté, est *vraie*; en tant qu'elle apparaît à l'intelligence, comme étendue, changeante, colorée, etc., elle est *mensonge*.

Si on dépouille cette doctrine des formes métaphysiques qui l'enveloppent, peut-être la trouvera-t-on moins éloignée qu'il ne semble de ce qui est soutenu actuellement par de purs savants. Ainsi Helmholtz, après avoir écarté autant que possible toute hypothèse pour s'en tenir aux faits scientifiquement établis, déclare que les données des sens ne peuvent être considérées que *comme des symboles que nous interprétons*; qu'on ne peut concevoir aucune analogie entre telle perception et l'objet qu'elle représente; que la première est simplement le *signe* spirituel du second; signe qui n'est pas arbitraire toutefois, puisque c'est la nature de nos organes sensoriels et de notre esprit qui nous l'a imposé. Quelle analogie, en effet, peut-il y voir entre le processus cérébral qui accompagne la perception d'une table et la table elle-même? On pourrait dire en deux mots, que les apparences sensibles ressemblent à la réalité qu'elles traduisent, à peu près comme les phrases d'une histoire ou d'un roman ressemblent aux événements qu'elles racontent.

Ainsi ce que Schopenhauer nomme apparences, Helmholtz l'appelle symboles ; les symboles expriment une réalité inconnaissable ; les apparences supposent une x, la volonté. Là s'arrêtent les ressemblances : le savant s'en tenant à ce qu'il sait, reste réaliste ; le métaphysicien dépassant ce qu'on peut savoir, affirme que le monde n'existe que dans notre cerveau.

III

Quelques mots suffiront sur l'esthétique de Schopenhauer : d'où vient-elle et que vaut-elle ?

Schopenhauer était d'un goût trop délicat et trop raffiné pour résister au plaisir de disserter sur la beauté; son humeur l'éloignait trop de la scolastique pour qu'il ne saisît pas ce prétexte de rompre la monotonie des déductions abstraites par quelques chapitres plus ornés où le littérateur oserait se montrer. N'était-ce pas d'ailleurs une merveilleuse occasion de faire à Platon sa part, dans une doctrine où l'originalité de l'auteur consiste à combiner des philosophies et une religion, dont la diversité répond à son caractère « ondoyant et divers » ? Le père et la mère de Schopenhauer avaient, par une sorte de sélection naturelle, prédisposé leur fils à l'amour éclairé des arts ; d'un amateur de livres et de tableaux ; d'une femme du monde remarquée à Weimar et qui sut faire lire un de ses romans par Gœthe, devait naître un artiste. Ses nombreux voyages, un long séjour en Italie ne purent que confirmer le philosophe dans ses instincts. Venise, Florence et Rome, la Scala, le palais Pitti, le Vatican, la vie italienne « avec sa parfaite impudeur » telle que Stendhal l'a décrite, « l'attitude muette devant les chefs-d'œuvre comme devant les grands personnages, » ce régime esthétique devait laisser à l'homme du Nord les regrets du Midi et le désir de faire une place dans son œuvre aux impressions qui l'avaient longtemps séduit. Au reste, à l'époque où parut le *Monde comme volonté et comme représentation*, l'art régnait en maître ; il était devenu une religion ; et Schopenhauer, si hostile qu'il fût à la philosophie de son temps, ne pouvait se soustraire à certaines idées dominantes vers lesquelles sa nature eût suffi à l'incliner. Malgré son dédain « pour ceux qui portent le thyrse sans être inspirés de Bacchus », l'élève de Platon, l'admirateur du *Phèdre* et du *Banquet* se félicitait sans doute d'entendre Novalis, Tieck et les Schlegel, proclamer la divinité de l'art. — Puis, à cette hauteur, l'art était, comme nous l'avons vu, un prélude à la morale, une libération momentanée, un effort infructueux pour arriver au calme parfait et à l'indifférence. Le caractère de Schopenhauer, son éducation et surtout son milieu nous donnent donc l'origine de son esthétique. C'est la seule partie de sa doctrine où je retrouve l'Allemand. Etant données les deux tendances contraires, l'une empirique, l'autre mystique, qui se rencontrent en lui, il me semble qu'il y avait pour Schopenhauer deux manières possibles de concevoir l'esthétique. Il pouvait continuer la tradition de Diderot et de la fin du XVIIIe siècle, pour aboutir à cette critique naturaliste dont M. Taine est, en France, l'un des meilleurs modèles ; ou bien entrer dans le monde supra-sensible, comme son ennemi, Schelling. Dans le premier cas, son esthétique s'expliquait par les principes de sa doctrine (théorie de la nature) ; dans le second cas, par la fin de sa doctrine (la morale). En fait, c'est la seconde influence qui a prévalu.

Aussi est-il juste de dire avec M. Léon Dumont[1] « que comme toutes les esthétiques allemandes, celle de Schopenhauer se perd dans les nuages de la déduction *a priori*. Elle est tellement inspirée par le désir de rehausser l'art, d'en faire quelque chose de surna-

1. *Revue des Cours scientifiques* du 26 juillet 1873.

turel, de surhumain, qu'elle finit par en faire toute autre chose que l'art...... L'art est un objet de luxe, les Allemands en font une religion, et leurs artistes sont à l'unisson des théoriciens. La plupart d'entre eux, peintres ou musiciens, se croient investis d'un sacerdoce, et se posent en révélateurs du vrai et du bien. »

L'idée platonicienne, identifiée tant bien que mal avec « la chose en soi », fait irruption d'une manière si inattendue qu'elle a trop l'air d'un expédient. « L'idée, dit Schopenhauer, est l'objectivité immédiate de la volonté, à un degré déterminé » (*auf einer bestimmten Stufe*). Il semble que cela veut dire qu'elle tient le milieu entre le monde de la réalité et celui de l'apparence. Mais cette existence intermédiaire est-elle facilement compréhensible ? est-elle surtout justifiable ? Schopenhauer se borne à l'affirmer, en nous laissant le soin de le croire sur parole. Cette esthétique ressemble trop franchement à un roman métaphysique. Aussi, sans insister sur la critique, essayons plutôt de la comprendre en elle-même et de voir comment elle prépare la morale.

Remarquons d'abord qu'elle réclame, comme condition préalable, la possibilité de perdre en une certaine mesure sa personnalité. La morale, elle, demandera la perte absolue dans la sympathie universelle. « La conscience, dit Schopenhauer, a deux côtés : la conscience de soi, la conscience des autres choses. Toutes deux sont en raison inverse l'une de l'autre. » C'est de cette vérité de fait qu'il part pour établir « sa contemplation pure du sujet de la connaissance. » Il semble bien que cette contemplation en dehors des formes du temps, de l'espace et de la causalité, n'est guère qu'une façon mystique de dire ce que tout le monde sait : que la production et même la jouissance esthétique sont à un haut degré impersonnelles. Si cette contemplation *sub specie æternitatis* n'est qu'une métaphore ; elle se comprend.

Mais si elle doit être prise au sens strict, elle est peu logique. En effet, la contemplation esthétique est un acte d'intelligence : alors comment peut-elle être en dehors du temps, de l'espace et de la causalité ? l'intelligence, sans ses formes, n'est plus l'intelligence, c'est la volonté. L'intelligence n'est qu'une faculté dérivée ; si elle disparaît que reste-t-il ? La chose en soi, la volonté. Enfin ce qui augmente encore la difficulté, c'est que Schopenhauer répète sans cesse que l'art est un affranchissement, une libération momentanée du joug de la volonté. — Ici donc nous sommes dans un tissu de contradictions, ou bien la pensée vraie de Schopenhauer nous échappe. J'incline à croire que pour la comprendre, il faut avoir recours à la morale. Rappelons-nous que pour Schopenhauer, comme pour la philosophie indienne, la libération, but suprême, ne peut être atteinte que par la science. L'intelligence, toute secondaire qu'elle est, est donc l'unique moyen de salut. Pour cela, il faut que s'élevant au-dessus des apparences et de la diversité, elle atteigne « la chose en soi, étrangère à toute pluralité et même à l'unité ». Mais l'art ne parvient pas jusqu'à ce but suprême, il n'en voit que l'ombre ; il ne saisit que les idées « objectivation immédiate de la volonté » non la volonté elle-même. Il ne peut donc donner qu'un semblant de libération. Ainsi interprétée, la doctrine de Schopenhauer, si mystique qu'elle soit, ne semble plus du moins contradictoire ; mais c'est la morale seule qui l'explique.

Il faut reconnaître aussi qu'il a eu le talent de bien montrer que l'idéal ne peut pas être, comme on le conçoit trop souvent, un type abstrait qui serait la plus vide, la plus creuse des conceptions ; que tandis que la science cherche des vérités de plus en plus générales et par conséquent de plus en plus abstraites, l'art cherche des types de plus en plus caractéristiques, par conséquent de plus en plus concrets. C'est à notre avis ce qu'il y a de plus de solide dans sa théorie des idées. Remarquons d'ailleurs en passant que cette théorie dépasse l'esthétique et qu'elle place Schopenhauer au nombre des partisans de la fixité des espèces. « L'art, dit-il, répète par la contemplation pure des idées éternelles, ce qu'il y a d'essentiel et de stable dans les phénomènes. » La nature ne fait-elle pas de même ? L'art et la nature sont donc deux expressions différentes des idées.

En somme, il nous semble que l'esthétique de Schopenhauer ne tient au reste de sa doctrine que par un lien très mince qui doit être cherché dans la morale, et sa thèse fondamentale pourrait s'exprimer ainsi : la libération se fait par l'intelligence ; elle a deux degrés ; l'art s'arrête au premier ; l'ascétisme franchit le second.

IV

Ce qui est vraiment original dans Schopenhauer, c'est sa morale. Rien de semblable avant lui. Sa doctrine diffère de toutes les autres : — par son principe, car elle est aussi indifférente au devoir qu'à l'utile ; — par ses conséquences, puisqu'au lieu de nous dire comment agir, elle cherche les moyens de ne pas agir. Avec sa prétention d'être purement spéculative, avec son pessimisme, sa palingénésie, son nirvâna, elle se dresse devant le lecteur comme une énigme inquiétante. On a cru l'expliquer en disant, « qu'elle nous donne le triste spectacle d'une morale sans Dieu ». Mais c'est oublier un peu vite que le stoïcisme, certaines écoles utilitaires et la morale indépendante, qui sont libres de toute attache théologique, n'ont abouti à rien de pareil.

Schopenhauer prétend la déduire d'une théorie métaphysique du plaisir et de la douleur. Tout est volonté ; la volonté dans tout être sentant est désir inextinguible, besoin rarement satisfait : essentiellement donc tout être est douleur, le plaisir n'est qu'un état négatif.

Rien n'est plus contestable que cette thèse. L'état positif pour l'être sentant, est-ce le plaisir, est-ce la douleur, est-ce un état d'indifférence, un *Nullpunkt* entre les deux ? Il est impossible de le dire, et la seule chose certaine, c'est que la théorie du plaisir et de la douleur est encore à faire. Que penser donc d'une morale construite sur une base si chancelante et n'est-ce pas encore un nouvel indice du tempérament métaphysique de Schopenhauer que cette légèreté à se passer de la preuve ? Il ne sait pas se résigner à douter assez longtemps. Sans remonter jusqu'à Aristote qui avait déjà fait valoir de bonnes raisons contre cette thèse que tout plaisir est négatif, je me bornerai à faire remarquer que le plus célèbre des disciples de Schopenhauer, Hartmann, a écrit tout un chapitre pour combattre « la théorie de la négativité du plaisir » en s'appuyant sur les plaisirs que procurent l'art, la science, les saveurs exquises qui ne sont la négation d'aucune douleur. Et quoique Hartmann soit arrivé aux mêmes conclusions que son maître, il a essayé au moins une autre méthode, qu'on pourrait appeler méthode d'évaluation et qui se réduit à ceci : Etant donnée la somme des biens et des maux qu'il y a dans le monde, déterminer de quel côté penche la balance.

La vérité c'est que l'origine de la morale de Schopenhauer doit être cherchée dans son caractère bien plus qu'ailleurs. Nous trouvons là un bel exemple de cette métaphysique toute subjective, toute personnelle, qui est, comme le disait Gœthe, « le vivant reflet de nos humeurs ». Dès sa jeunesse, Schopenhauer est dépeint dans les lettres de sa mère, comme ombrageux, obstiné, renfrogné, bizarre ; et il resta tel toute sa vie, sans que rien dans les circonstances extérieures puisse expliquer sa misanthropie. Car il possédait l'indépendance, la santé, la richesse : il attendit longtemps la gloire ; mais d'autres l'ont attendue toujours et, n'ayant obtenu qu'une renommée posthume, ont eu toutes les souffrances du génie sans sa gloire. Et s'il l'attendit, c'est que, trop dédaigneux ou trop contemplatif, il refusa de faire vers elle le premier pas. Quand il paraît déduire sa morale de sa théorie de la douleur, c'est donc une satisfaction philosophique qu'il se donne ; mais comme beaucoup d'autres métaphysiciens, il fait semblant de chercher ce qu'il a trouvé d'avance et il ne prouve que ce qu'il veut croire.

Toutefois, il est juste de remarquer que cette conception pessimiste du monde n'est pas un fait isolé dans l'Allemagne contemporaine. Les lamentations de Schopenhauer sur les misères de la destinée humaine ne sont pas restées sans écho. On vient de publier une « exposition populaire » de sa philosophie ; et Hartmann sans admettre, comme son maître, que le monde est aussi mauvais qu'il peut l'être, trouve, après avoir établi la balance entre les biens et les maux, que les maux l'emportent. Et il l'a fait avec un talent incontestable, sans défaveur auprès du public [1]. Sa thèse est exposée sous une forme méthodique qui lui ôte même l'apparence d'une boutade. D'après lui, ce n'est que par une illusion profonde que le bonheur a pu être regardé comme le but auquel le monde peut aspirer. Dans cette recherche décevante l'humanité a parcouru trois périodes, « trois stades d'illusion » sans s'apercevoir qu'elle poursuit un mirage. La première période, celle de l'antiquité juive, grecque et romaine, a considéré le bonheur comme pouvant se réaliser dans le monde tel qu'il existait alors et pour l'individu, dans sa vie terrestre. La deuxième période, celle du christianisme et du moyen âge, l'a cherché pour l'individu, mais dans une vie transcendante dont on ne peut jouir qu'après la mort. La troisième période, qui est la nôtre, place le bonheur dans l'avenir, mais sur la terre : il sera réalisé dans le développement futur du monde. Hartmann s'est acharné à détruire ces trois illusions, en faisant remarquer que la philosophie

1. Dans sa *Philosophie des Unbewussten* dont la première édit est de 1869

ne cherche qu'une chose : la vérité, sans s'inquiéter de savoir si elle s'accorde avec nos chimères. »

Cette tendance pessimiste se trouve déjà en germe chez Schelling, comme Hartmann l'a fait remarquer[1]. Ce n'est donc pas un fait isolé, un cas rare; et quoique Schopenhauer en ait été l'interprète le plus sincère et le plus original, parce que cette doctrine ne faisait que traduire son caractère, il faut reconnaître qu'elle soulève un problème psychologique curieux, qui dépasse la personnalité de Schopenhauer.

Comment l'expliquer ? D'abord on peut se risquer à dire que la poésie blasée et désolée du commencement de ce siècle n'a pas été sans influence sur cette philosophie. Schopenhauer est nourri de la lecture de lord Byron et de Lamartine et il les cite à chaque instant. Et comme c'est le propre des poètes de tout pressentir et de tout devancer, on pourrait dire que de même qu'ils ont fait une morale avant les moralistes, une psychologie avant les psychologues, ils ont fait un pessimisme avant les théoriciens pessimistes.

Mais il y a des raisons plus profondes qui doivent être cherchées dans la philosophie même, chez Kant dont toute la spéculation allemande procède. La *Critique de la raison pure* aboutissait à cette conséquence : qu'il faut ou se confiner dans l'expérience ou tenter d'en sortir par l'idéalisme absolu. Et cette tentative ayant échoué avec Fichte, Schelling et Hegel, il fallut bien renoncer à l'absolu, se résigner à regarder « la chose en soi » comme inconnaissable et inaccessible. A des esprits avides de longs voyages, il fallut rester cloués dans des bas-fonds obscurs, sans échappée, sans horizon. Cette séquestra-

1. *Philosophie des Unbewussten*, p. 233. Voici quelques-uns des passages cités par Hartmann. « Angst ist die Grundempfindung jedes lebenden Geschöpfes. — Schmerz ist etwas Allgemeines und nothwendiges in allem Leben. — Aller Schmerz kommt nur von dem Sein. — Die Unruhe des unablässigen Wollens und Begehrens, von dem jedes Geschœpf getrieben wird, ist an sich selbst die Unseligkeit. »

tion était-elle possible sans un premier moment de désespoir et d'étouffement? On se sentait condamné à conserver ses désirs en perdant ses espérances.

Les recherches scientifiques de tout ordre contribuaient encore à augmenter ce désenchantement métaphysique, né de la *Critique* de Kant. Le propre de toute science véritable c'est de remettre l'homme à sa place et de l'empêcher de se croire le centre du monde, comme il y tend toujours. On a fait remarquer que les découvertes de Kopernik et de l'astronomie moderne ont eu une grande influence sur les croyances religieuses, en faisant rentrer notre terre dans le chœur des planètes et en montrant le peu qu'elle est. Au point de vue métaphysique, n'y aurait-il pas là aussi des conséquences à tirer, dont on s'est préoccupé assez peu? Mais sans insister sur cette grosse question, observons que c'est contre l'idée de progrès, de tendance vers le mieux, que les pessimistes se sont acharnés. Schopenhauer le nie; pour lui toute l'histoire de l'humanité tient en deux mots: *Eadem sed aliter.* Cette idée de progrès qui a été la foi du XVIIIe siècle, a fini par entrer dans tous les esprits, par devenir une monnaie courante, si bien qu'on n'aperçoit pas toujours ce qu'il y a de vague et de problématique, dans la conception d'un progrès à l'infini. Pourtant nous ne trouvons rien dans l'expérience qui la justifie. Ni les individus, ni les familles, ni les peuples n'ont un progrès sans fin. Quelle raison avons-nous donc de croire que l'humanité, et même l'univers aient ce privilège? L'analogie, appuyée sur les faits, conduit à la conclusion contraire. Aussi voyons-nous les partisans les plus décidés de la loi d'évolution, entre autres M. Herbert Spencer (dans le dernier chapitre de ses *Premiers principes*), s'appuyer sur les lois physiques, pour prévoir un moment où le développement de notre univers doit avoir un terme « et subir une transformation inévitable qui ne peut se faire sans ramener les masses à une forme nébuleuse ». D'un autre côté, les sciences sociales ne nous montrent rien qui ressemble à un perfectionnement sans fin de l'espèce, dans l'ordre moral. Il semble au contraire que la civilisation, à force de grandir, constitue positivement un état morbide où l'humanité ne sachant plus que raffiner, se surmener et s'épuiser, finit par périr sous l'excès de ses propres richesses.

Tout n'est donc pas paradoxal dans ces plaintes de Schopenhauer et de ses disciples [1]. Ils représentent la réaction contre l'opinion courante, dont l'excès d'optimisme n'est qu'un défaut de réflexion. Comme toute réaction, elle va trop loin. Prise à la lettre, elle aurait le danger d'introduire chez nous le nirvâna bouddhique, l'ataraxie complète de l'Orient. Mais il n'y a aucun péril de ce côté, et il ne semble pas que notre monde ait grand souci de vivre dans la contemplation. La vie lui apparaît, telle qu'elle est, ni bonne ni mauvaise — plutôt bonne : l'humanité prise en masse est de l'avis de Leibniz. Quant aux raisons théoriques de ce découragement, s'il est dur pour l'esprit humain d'être chassé de l'absolu, peut-être s'en consolera-t-il plus tard, en reconnaissant combien le domaine de l'expérience est vaste et inexploré et combien il est inutile de chercher ailleurs l'inconnaissable, qui le pénètre tout entier.

Ce fonds inépuisable de mauvaise humeur, cette tendance à imprimer sur toute chose sa personnalité, qui impose trop souvent aux théories de Schopenhauer une forme subjective, anti-scientifique, donne en revanche à son style un mérite incontesté. Ses ennemis les plus déclarés le reconnaissent. Dans beaucoup de passages il doit être lu comme les grands écrivains, pour les idées qu'il suggère, non pour les vérités positives qu'il révèle. Beaucoup de gens peu soucieux de philosophie se plai-

1. M. Zeller dans sa récente *Geschichte der deutschen Philosophie* München. 1872, s'obstine pourtant à n'y voir qu'un paradoxe spirituel. V. p. 893.

sent à cette lecture qui est pour eux une matière à penser. Il en reste une impression analogue à celle que laissent Vauvenargues ou Chamfort, souvent même Heine ou Byron. Il n'est allemand ni par l'esprit ni par le style. Son style, en effet, est assez difficile à caractériser, parce qu'il est complexe. Ce n'est ni la manière noble, éloquente et solennelle, dont notre Cousin est le modèle, ni la bonhomie spirituelle de Locke et des Ecossais qui enchâssent leurs petits faits dans un style simplement élégant ; mais c'est à la façon des moralistes, une profusion de pensées, de traits piquants, ingénieux, souvent poétiques, jetés sur une trame métaphysique qui leur sert de lien. A cet égard rien n'est plus instructif que de comparer Schopenhauer à Frauenstaedt. L'exactitude philosophique du disciple est parfaite ; mais tout ce qu'il y a, dans le maître, de fin et d'original a disparu. C'est toute la différence de Charron à Montaigne : encore est-ce faire tort à Charron qui est méthodique, tandis que Frauenstaedt l'est moins que son maître en réalité.

Il y a en Schopenhauer un philosophe et un penseur, un systématique et un moraliste : il vaut surtout comme moraliste. Quand on lit les grands métaphysiciens, Schelling ou Hegel, on éprouve, même sans croire à leurs hypothèses, une impression puissante comme celle que donne la grande poésie. On se sent sur une haute montagne, dans un air très raréfié, à peine respirable, mais en vue d'un immense horizon. Avec Schopenhauer, rien de pareil ; son originalité est dans le détail, non dans l'ensemble. Il ne donne pas à un esprit philosophique un puissant ébranlement. C'était d'ailleurs sa prétention de n'être pas un systématique, mais d'avoir une philosophie faite au jour le jour, d'après les hasards de l'expérience. Son originalité véritable consiste à avoir réuni dans son caractère les traits les plus discordants. Au fond, c'est un homme du XVIIIe siècle, anglais ou français, contemporain de Hume et de Voltaire, de Vauvenargues et de Diderot. Comment a-t-il pu être en même temps un misanthrope farouche et un bouddhiste contemplatif? Le même homme qui vient d'injurier Hegel dans le style le plus pittoresque, écrit des pages qui semblent détachées de la *Bhagâvad-Gita*. Sceptique naturaliste, comme le siècle dernier, il ressemble, dans son quatrième livre, au contemplatif pur dont Emerson a tracé ce beau portrait : « Tout fait appartient d'une part à la sensation et de l'autre à la morale; et tout homme naît avec une prédisposition pour l'un ou l'autre de ces deux côtés de la nature. Les uns possèdent la perception de la différence, et vivent familièrement avec les faits et les surfaces, les cités et les individus : ce sont les hommes d'action. Les autres ont la perception de l'identité ; ce sont les hommes de foi, les philosophes, les hommes de génie. Ils ont reconnu en certains moments que l'âme bienheureuse porte virtuellement en elle toutes les choses et tous les arts, et ils se disent : à quoi bon nous embarrasser de réalisations superflues ? »

Aux disciples que Schopenhauer compta dans ses derniers jours, d'autres sont venus s'ajouter depuis sa mort. Hartmann, le plus original et le plus indépendant, a essayé une réconciliation posthume entre Schelling et Schopenhauer. D'autres comme Asher, Ky, et le physiologiste Rokitansky, ont développé les idées du maître en ce qui touche à la morale, à l'esthétique et aux sciences naturelles. L'avenir montrera si Schopenhauer avait raison de dire : « Mon extrême-onction sera mon baptême ; on attend ma mort pour me canoniser. » Il est certain du moins qu'il vivra comme écrivain et comme moraliste, et que la philosophie verra toujours en lui l'un des principaux théoriciens de la notion de force, qu'il a mise au sommet des choses sous le nom de volonté.

FIN

TABLE DES MATIÈRES

NOTICES

Sur les Traductions des œuvres de Schopenhauer

Publiées chez Félix ALCAN, Éditeur

Le Monde comme volonté et comme représentation, traduit en français par M. A. Burdeau, ancien élève de l'École normale supérieure, agrégé de philosophie.
Trois volumes in-8, de la *Bibliothèque de philosophie contemporaine*, 3ᵉ édition . . . . 22 fr. 50
Chaque volume séparément. . . . . 7 fr. 50

Cette traduction de l'œuvre capitale de Schopenhauer est d'une exactitude scrupuleuse qui en fait pour les philosophes un instrument de travail parfaitement sûr. Le français en est correct et aisé, et reflète quelque chose du style rapide, clair et imagé qui distingue Schopenhauer entre tous les philosophes allemands et le fait reconnaître pour un lecteur et un élève de Voltaire, de Rousseau et de Champfort; à ce titre, cette traduction est un livre de lecture où tous les lettrés trouveront de quoi se plaire.

L'ouvrage complet comprend trois volumes : le premier est la reproduction de l'œuvre primitive publiée à Leipzig en 1819; le second et le troisième comprennent les importants appendices dans lesquels Schopenhauer a repris et développé les divers points traités dans la première édition.

Cet important ouvrage étant analysé complètement par M. Ribot, nous ne reviendrons pas sur son contenu; nous nous contenterons de signaler que la *Critique de la doctrine de Kant* figure dans le deuxième volume.

Le Fondement de la morale, 1 vol. in-12, 7ᵉ édition, traduit par M. A. Burdeau . . . . 2 fr. 50
Cette traduction se recommande par les mêmes qualités de style que le précédent ouvrage.

Pensées et fragments, traduits par J. Bourdeau, 1 vol. in-12, 12e édition . . . . 2 fr. 50

Pour celui qui ne pourrait lire quelques-unes des œuvres de Schopenhauer, cet ouvrage est le complément nécessaire de celui de M. Ribot, donnant des détails sur l'existence du célèbre écrivain et des extraits de ses écrits.

Voici la composition de ce volume : Vie et opinions de Schopenhauer. — Fragments de correspondance. — Douleurs du monde. — L'Amour. — La Mort. — L'art. — La Morale. — Pensées diverses sur la religion, la politique, l'homme et la Société, le caractère des différents peuples.

Essai sur le libre arbitre, 1 vol. in-12, 8e édition, traduit et annoté par Salomon Reinach, membre de l'Institut . . . . 2 fr. 50

Les notes philosophiques et philologiques introduites par M. Salomon Reinach, dans cette édition contiennent d'ingénieux rapprochements avec les opinions des philosophes devanciers ou contemporains de Schopenhauer et sont d'un puissant secours et d'un grand intérêt pour les lecteurs français.

De la quadruple racine du principe de la raison suffisante, traduit par J.-A. Cantacuzène, 1 vol. in-8 . . . . 5 fr.

Schopenhauer considérait cette œuvre, qu'il présenta comme thèse pour le doctorat, comme l'introduction à son grand ouvrage, le *Monde comme volonté et comme représentation*. Le traducteur y a joint : *l'Esquisse d'une histoire de la doctrine de l'idéal et du réel*, extraite des *Parerga et Parolipomena*.

Aphorismes sur la sagesse dans la vie, traduits par J.-A. Cantacuzène, 1 vol. in-8, 6e édition . . . . 5 fr.

Encore un extrait des *Parerga et Parolipomena*, dont la lecture facile et intéressante peut permettre aux lecteurs non familiarisés avec la philosophie, de se faire une opinion personnelle sur les idées et opinions du célèbre philosophe allemand et sur ses procédés de discussion.

www.ingramcontent.com/pod-product-compliance
Lightning Source LLC
LaVergne TN
LVHW010605110826
845149LV00003B/778